초판 1쇄 발행	2015. 3. 30.
개정1판 1쇄 발행	2017. 8. 23.
개정2판 1쇄 발행	2018. 6. 22.
개정2판 2쇄 발행	2021. 4. 5.

지은이	김재리 최소영 허은경
편집	김재리 최소영
본문그림	최소영 김재리
표지그림/디자인	김재미

발행처	예꿈교육
주소	서울특별시 금천구 가산디지털2로 98, 2동 1107호
카페	cafe.naver.com/jdreamchildren
E-mail	jdchildren@naver.com
등록	2015. 3. 2. 제25100-2015-000017호
가격	22,000원

ISBN 979-11-87624-04-2 (73370)

ⓒ 예꿈교육, 2015

이 책은 저작권법에 의하여 보호를 받는 저작물이므로 무단 전재, 복제, 발췌를 금합니다.

이 도서의 국립중앙도서관 출판예정도서목록(CIP)은 서지정보유통지원시스템 홈페이지(http://seoji.nl.go.kr)와
국가자료공동목록시스템(http://www.nl.go.kr/kolisnet)에서 이용하실 수 있습니다. (CIP제어번호 : CIP2018012466)

어휘력을 길러주는 [학교편]

우리아이 언어학습

김재리·최소영·허은경 저

책을 내면서...

입학을 앞둔 아이들은 이제 곧 학교라는 울타리 안에서 또 한 단계의 성장을 하게 됩니다. 아이들은 학교에 들어간다는 뿌듯함과 새로운 환경에 대한 기대감에 마음이 설레곤 합니다. 부모님들은 아이들이 잘 적응해 갈 수 있길 바라는 마음으로 많은 준비를 하시지요. 입학하는 아이들과 부모님들을 함께 응원하는 마음으로 예꿈교육에서 학교와 관련된 어휘를 익힐 수 있는 교재를 준비했습니다. 또한 학교 안에서 커가고 있는 학령기 아이들과 교사, 부모님에게도 유용하게 쓰일 수 있도록 고민하여 제작하였습니다.

이 책의 특징

1 다양한 어휘

입학을 준비하는 아동, 재학 중인 아이들과 발달이 느린 아이들에게도 유용하도록 쉬운 어휘에서부터 난이도가 있는 어휘까지 다양하게 다루고 있습니다.

2 다양한 활동

그림, 단어카드, 여러가지 활동으로 구성되어 어휘를 반복 학습할 수 있고, 부모님이나 선생님이 아동의 수준에 적합한 활동을 선택하여 적용할 수 있습니다.

3 쉬운 설명

기존의 사전이나 책에서 나오는 정의보다 어휘를 쉽게 설명하여, 학령 전 아동이나 발달이 느린 학령기 아동들도 배우기 쉽습니다.

구성 및 활용방법

1 그림

비교적 난이도가 낮고 빈도가 높은 명사 위주의 어휘를 그림으로 실었습니다. 그림을 보여주며 단어를 설명해주기, 단어를 들려주고 찾기(이해 과제), 그림을 보고 단어 말하기(표현 과제) 등의 방법으로 활용이 가능합니다. 아이들의 흥미를 일으키기 위하여 단어 그림들을 복사하여 자른 뒤, '보물찾기, 카드게임, 책 만들기, 나무 꾸미기' 등 놀이를 이용하면 더욱 좋습니다.

2 단어카드

보다 난이도가 높고 빈도가 낮은 명사 및 동사/형용사 어휘를 단어카드로 제작하였습니다. 카드를 하나씩 잘라서 앞뒤로 보면서 사용하면 됩니다. 카드 앞면에는 단어를 쉽게 풀어 설명한 뜻이 있고, 뒷면에는 실제 생활에서 자주 쓰이는 예문이 있습니다. 또한 아동이 직접 문장을 만들어 쓸 수 있는 문장 만들기 칸이 있는데, 글씨를 쓸 수 있는 아동이라면 스스로 적도록 하고, 쓰기가 어려운 아동이라면 문장을 이야기하는 활동으로 적용하면 됩니다. 아동이 단어를 넣어 문장 만드는 것을 어려워한다면 예문에 있는 내용을 일부만 수정하여 다시 말하도록 하고, 점차 새로운 문장으로 만들도록 유도합니다(예: 예문-회장선거에서 은찬이가 회장이 됐어 → 회장선거에서 주미가 회장이 됐어 → 내가 회장이 된다면 반 친구들을 잘 도와줄 거야).

3 활동

앞서 다룬 어휘들을 다양한 활동(십자말 퍼즐, 수수께끼, 빈칸 채우기, 마인드맵, 이야기)을 통해 익히고 적용할 수 있도록 구성하였습니다. 아동의 수준에 적합한 활동을 선택할 수 있고, 여러 가지 활동들을 번갈아 제시하여 목표 단어를 반복 학습할 수 있는 기회를 줄 수 있습니다. 십자말 퍼즐은 아동이 문제를 읽도록 하거나 들려주어 답을 유추하게 하되, 어려워하면 의미 단서/음소 단서를 적절히 제시합니다. 수수께끼는 세 가지 문장을 차례대로 읽어주어 아동이 단어를 유추하게 합니다. 이때, 첫 번째 문장만 듣고 맞히면 100점, 두 번째 문장까지 듣고 맞히면 70점, 세 번째 문장까지 듣고 맞히면 50점과 같이 점수를 나눠서 흥미를 유발할 수 있습니다. 아동이 듣기 과제에서 집중이 어렵다면, 답 부분을 가리고 아동이 직접 문장을 읽도록 해도 좋습니다. 빈칸 채우기는 보기에서 단어를 찾아 예문의 빈 칸에 적도록 하고, 읽고 쓰기가 어렵다면 듣고 말하는 과제로 수정할 수 있습니다. 마인드맵은 중심이 되는 단어와 관련된 어휘들을 빈 칸에 적습니다. 방법에 대해 아동에게 충분히 설명해 주고 아동이 익숙해지기 전까지 부모님이나 선생님이 도움을 줍니다. 이야기는 듣거나 읽고 다시 말하는 과제로 활용해도 좋고, 비슷한 이야기를 아동 스스로 만들어 단어를 직접 활용해보도록 합니다. 아동의 이야기 이해 및 말하기 수준을 고려하여 적용합니다.

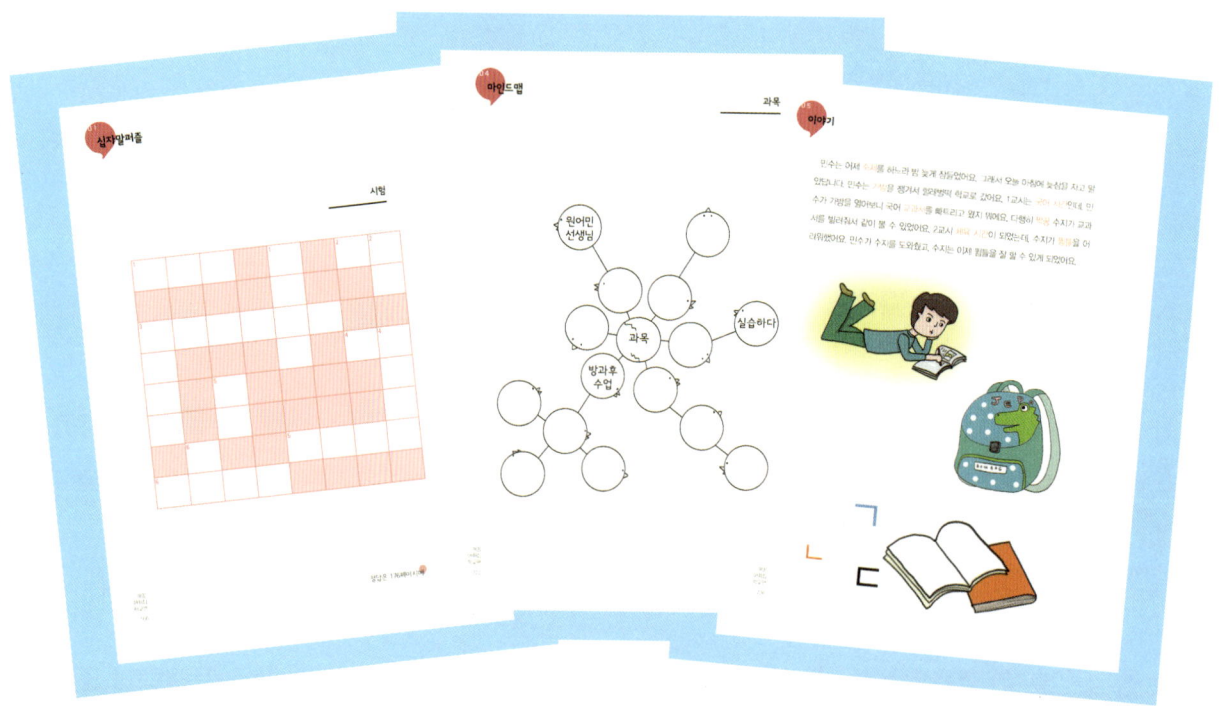

저자 소개

김재리
이화여자대학교 언어병리학 석사.
언어재활사협회 정회원.
1급 언어재활사.

최소영
이화여자대학교 언어병리학 석사.
언어재활사협회 정회원.
1급 언어재활사.

허은경
이화여자대학교 언어병리학 석사 수료.
언어재활사협회 정회원.
2급 언어재활사.

저서

사회성을 길러주는 우리아이 언어치료, 김재리·조아라·최소영·허은경 지음, 이담북스, 2013.
사회성 쑥쑥 화용언어치료 1~5, 최소영·허은경 지음, 이담북스, 2015.
사회성을 길러주는 화용언어 학습만화 1~5, 최소영·김재리 지음, 예꿈교육, 2016.
사회적 상황추론 카드 1·2, 허은경·김재리 최소영 지음, 예꿈교육, 2016/2019.
또박또박 재잘재잘 이야기 발음카드, 김재리·최소영·허은경 지음, 예꿈교육, 2017.
시간 배우기는 재밌어, 최소영·김재리 지음, 예꿈교육, 2018.
원인 해결 카드 1·2, 김재리·최소영 지음, 예꿈교육, 2019.
기초부터 특별한 단어책, 조아라·김재리·최소영 지음, 예꿈교육, 2019.
숨은 뜻 찾기 카드, 김재리·최소영 지음, 예꿈교육, 2020.

카페

저자들이 운영하는 네이버 카페 **예꿈교육(http://cafe.naver.com/jdreamchildren)** 에 방문하시면, 본 책에 대한 질의응답 및 구매가 가능합니다.

목차

책을 내면서   4
구성 및 활용방법   6
목차   8

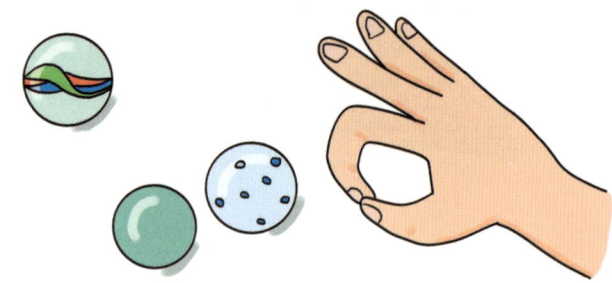

1장 그림

01 학교   14
02 교실/수업   24
03 운동장   34
04 음악실   44
05 과학실   48
06 양호실   52
07 점심시간   56
08 과목   58
09 시험   60
10 교우관계   62
11 놀이   68

2장 단어카드

01 학교　79

02 교실/수업　85

03 운동장　111

04 점심시간　121

05 도서관/과학실　123

06 컴퓨터실/가사실　127

07 쓰레기장/기숙사　131

08 입학/졸업/학년　133

09 특별한 날/야외활동　145

10 환경미화/신체검사　147

11 시험　149

12 학급회의　155

13 교우관계　161

3장 활동

01 십자말퍼즐　168

02 수수께끼　204

03 빈칸 채우기　224

04 마인드맵　244

05 이야기　260

2장 단어카드

01 학교　79

02 교실/수업　85

03 운동장　111

04 점심시간　121

05 도서관/과학실　123

06 컴퓨터실/가사실　127

07 쓰레기장/기숙사　131

08 입학/졸업/학년　133

09 특별한 날/야외활동　145

10 환경미화/신체검사　147

11 시험　149

12 학급회의　155

13 교우관계　161

3장 활동

01 십자말퍼즐　168

02 수수께끼　204

03 빈칸 채우기　224

04 마인드맵　244

05 이야기　260

1장 그림

01 학교

학교

초등학교/초등학생

중학교/중학생

고등학교/고등학생

대학교/대학생

교문　　　　　경비실

운동장　　　　울타리/담(담장)

화단

학교

쓰레기장

연못

도서관

강당

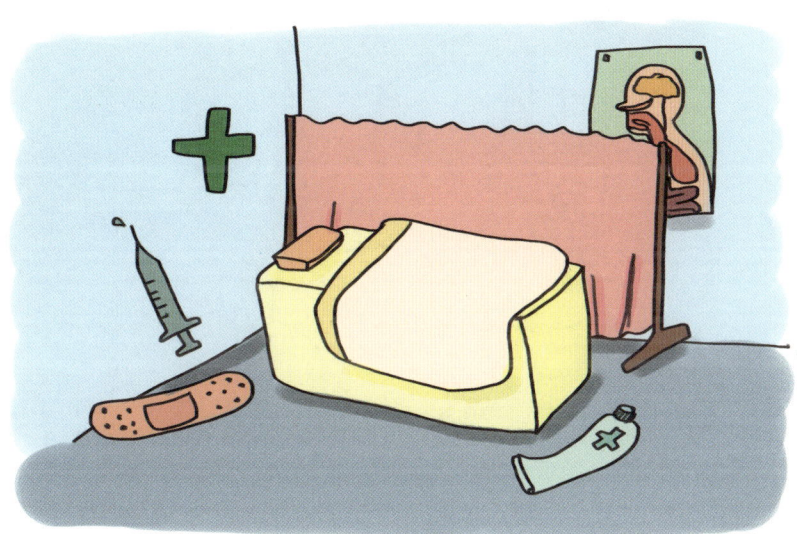
양호실

방송실

 학교

도움반

체육관

컴퓨터실/멀티미디어실

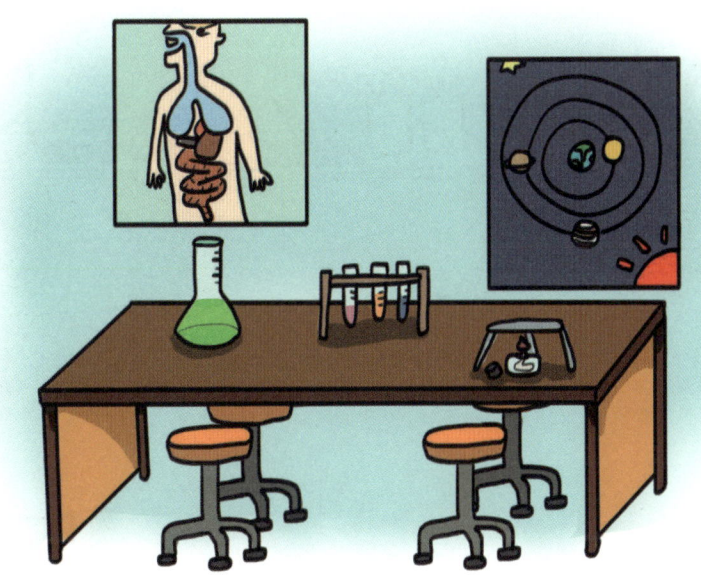

과학실

가사실

음악실

학교

급식실

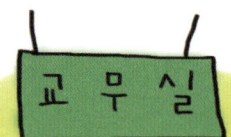

교무실

교장실

행정실

매점

휴게실

창고

학교

기숙사

상담실

복도

동상

옥상

계단

02 교실/수업

뒷문　　　　　　　　　　　　　앞문

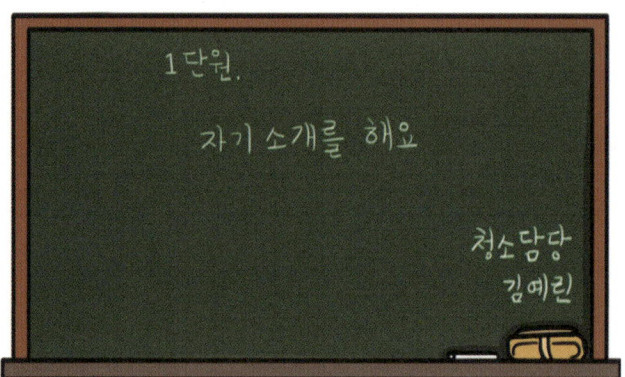

칠판

교탁

책상

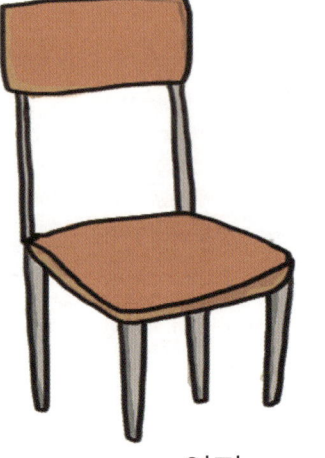

의자

시간표

분필

칠판지우개

출석부

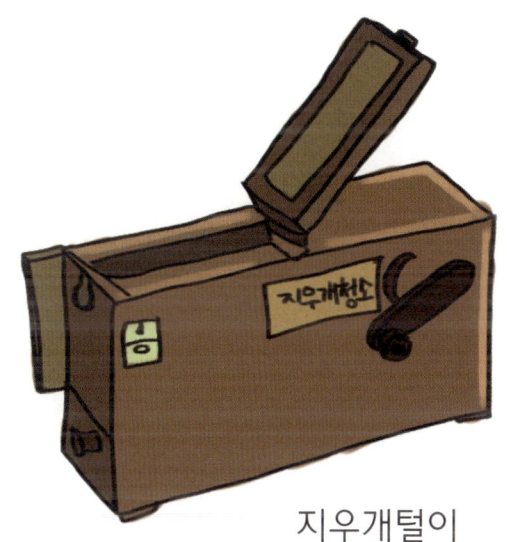
지우개털이

서랍

교실/수업

교과서/책

공책/노트

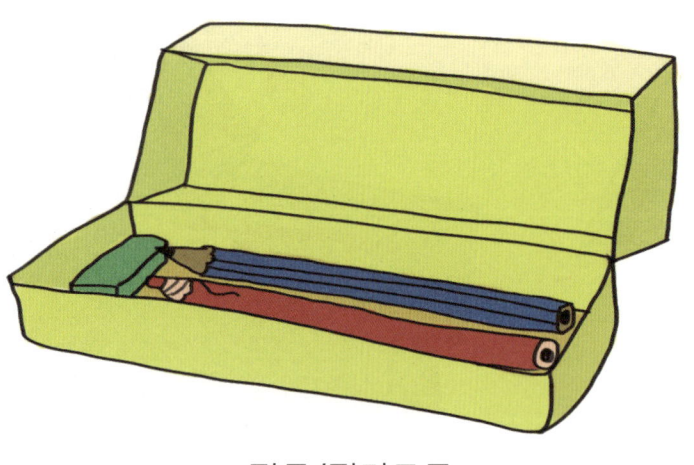
필통/필기도구

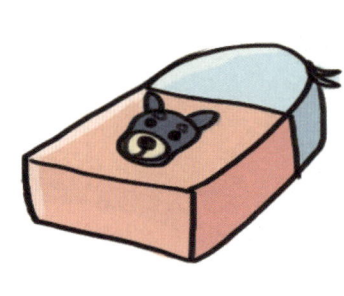
지우개

연필깎이

연필

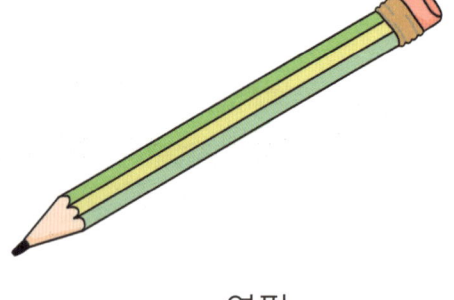
매직

이름표

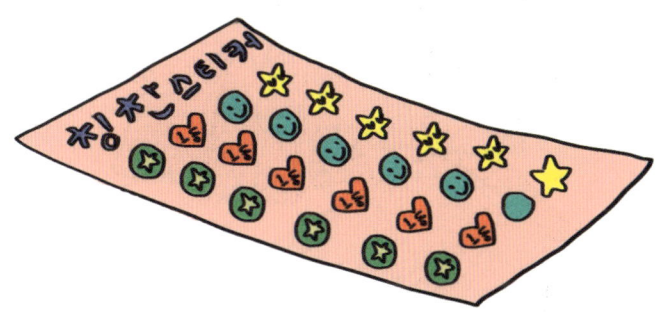
칭찬스티커

칭찬도장

파일

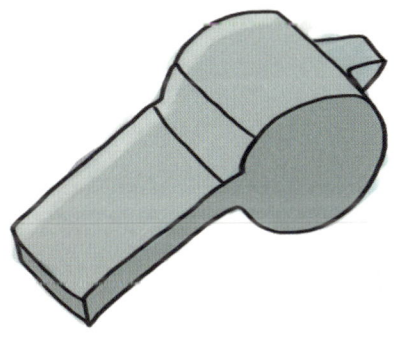
호루라기

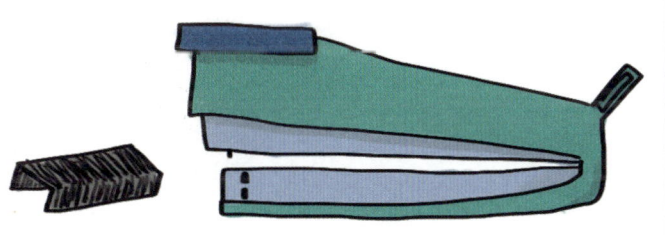
스테이플러

교실/수업

교복(동복/하복)

사물함

열쇠/자물쇠

대걸레/걸레

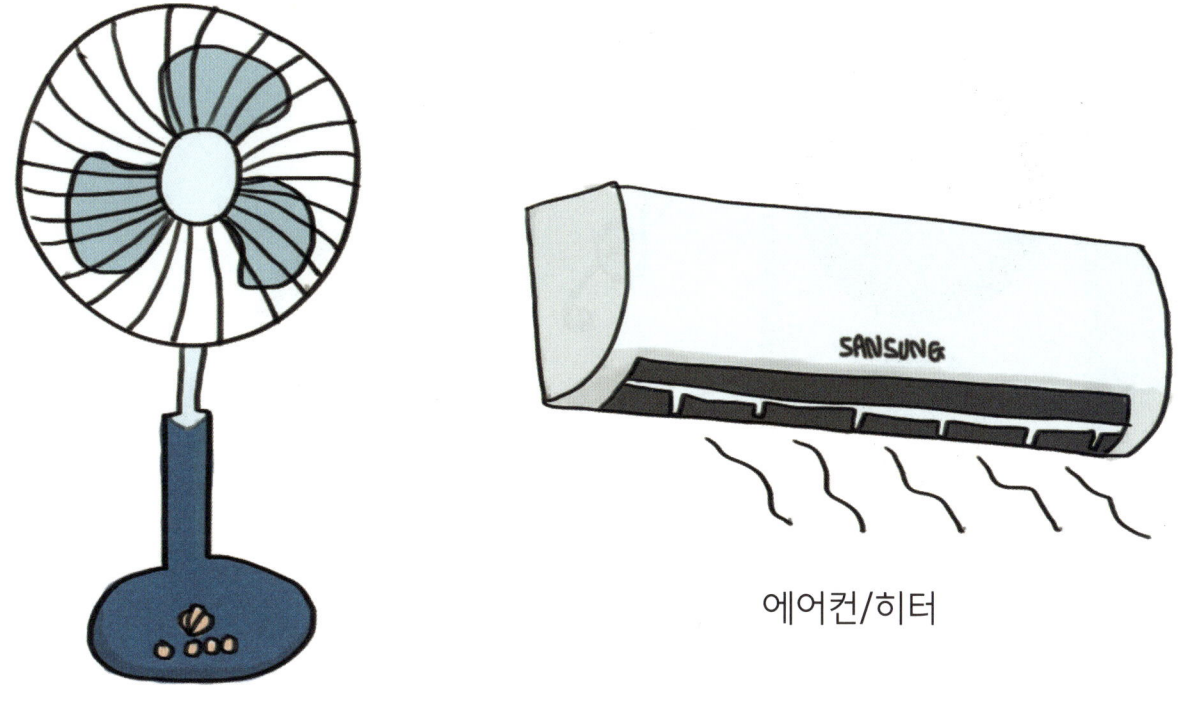

선풍기

에어컨/히터

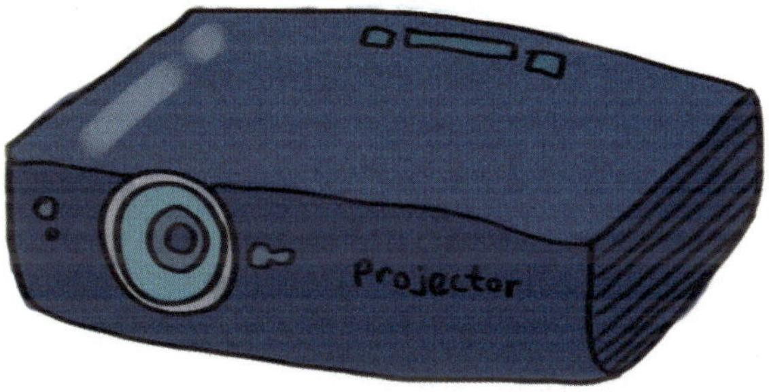

프로젝터

스크린

리모컨

교실/수업

수업종/종소리

책가방

실내화 주머니

실내화

게시판

신발장

교실/수업

짝꿍　　　출석

결석

발표/질문

숙제

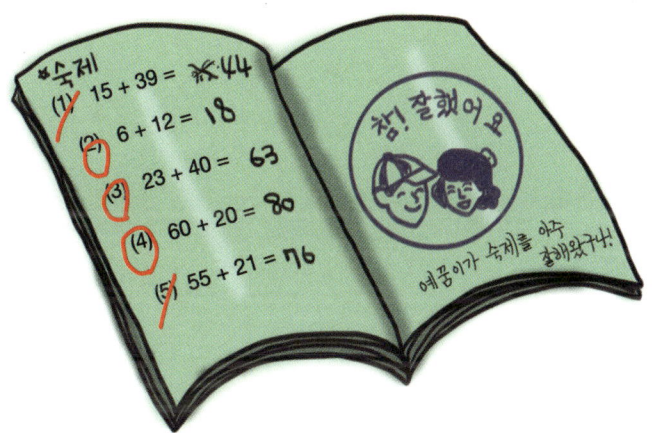

숙제 검사

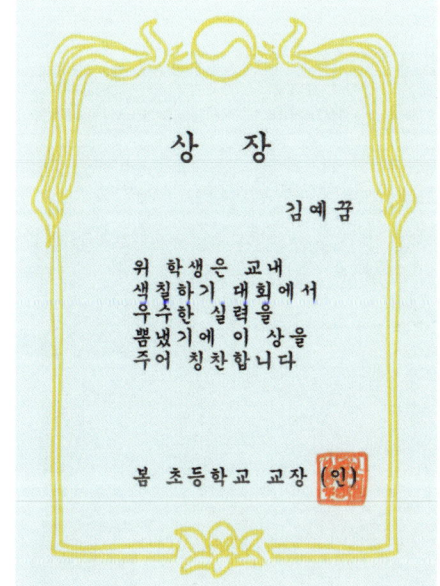

상장

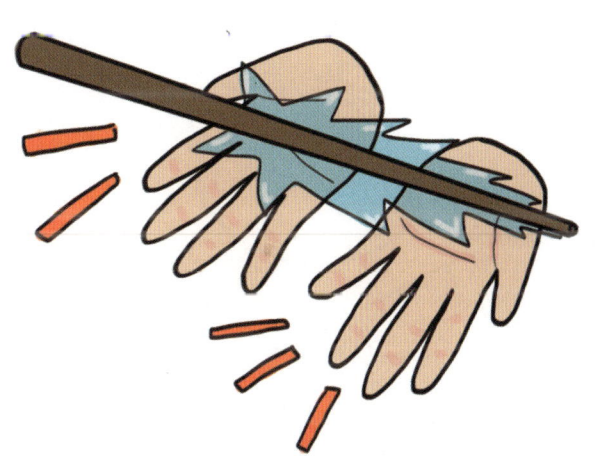

체벌/매

03 운동장

타이어/모래판/철봉

운동장

단상

농구코트/농구골대

체육관

조회대/조례대/구령대

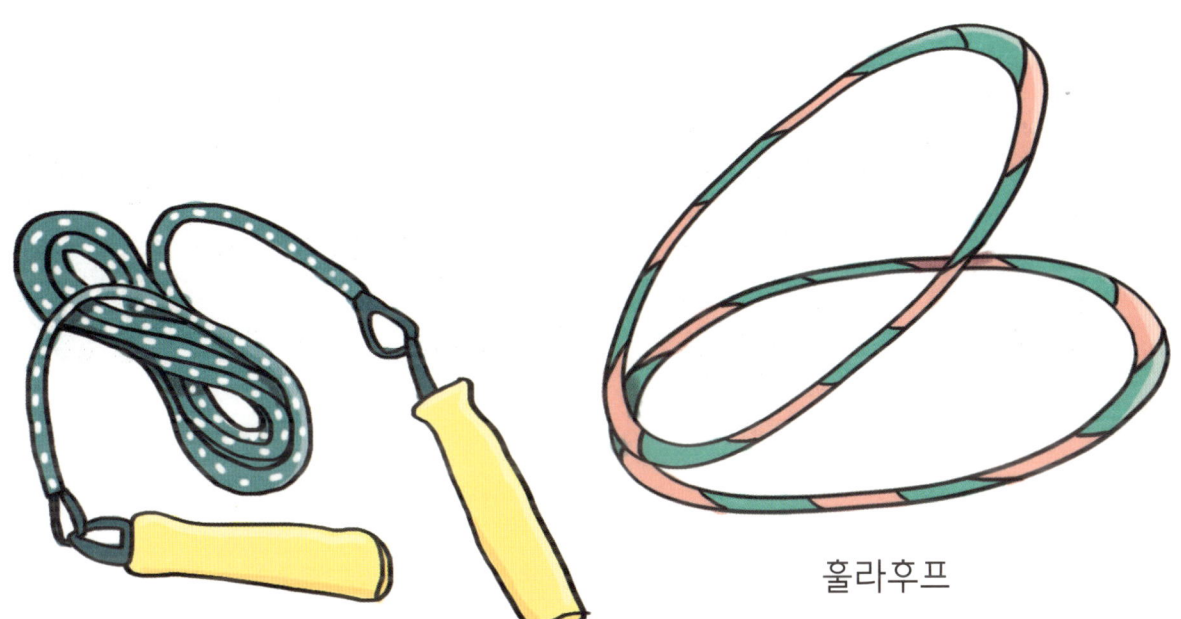

줄넘기

훌라후프

운동화

뜀틀

운동장/운동회

체육복

축구공   축구화

축구 골대

농구 골대

농구공

배드민턴채

배드민턴공

배구공

그림3
운동장

운동장/운동회

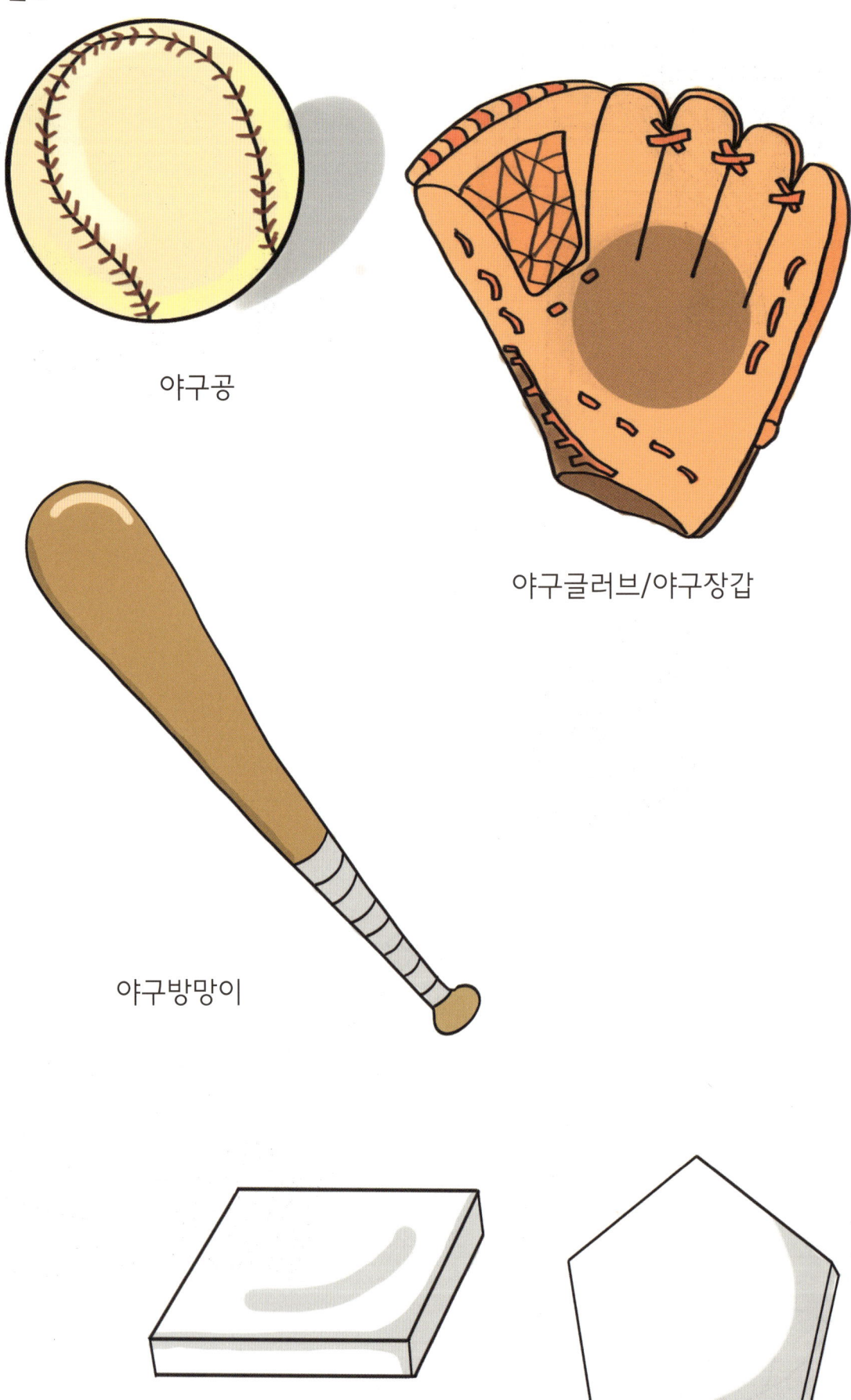

야구공

야구글러브/야구장갑

야구방망이

야구 베이스(홈)

체중계

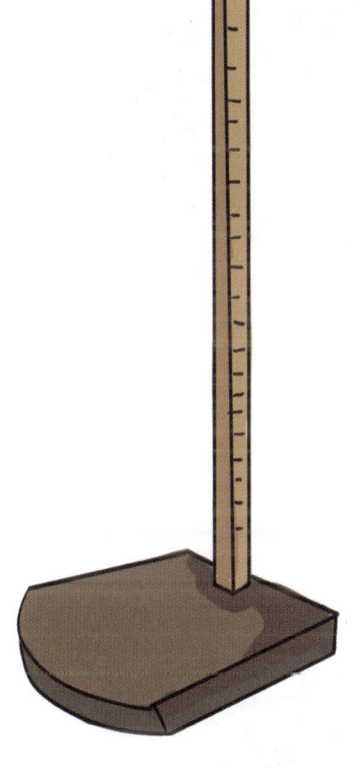

키재기(자)/신장계

줄자

그림3
운동장

운동장/운동회

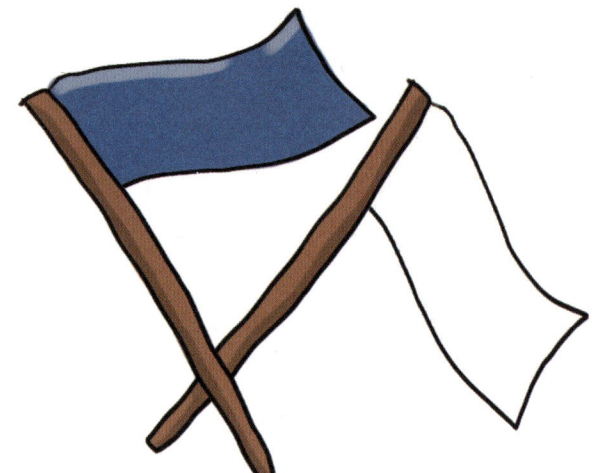

청기백기

콩주머니

만국기

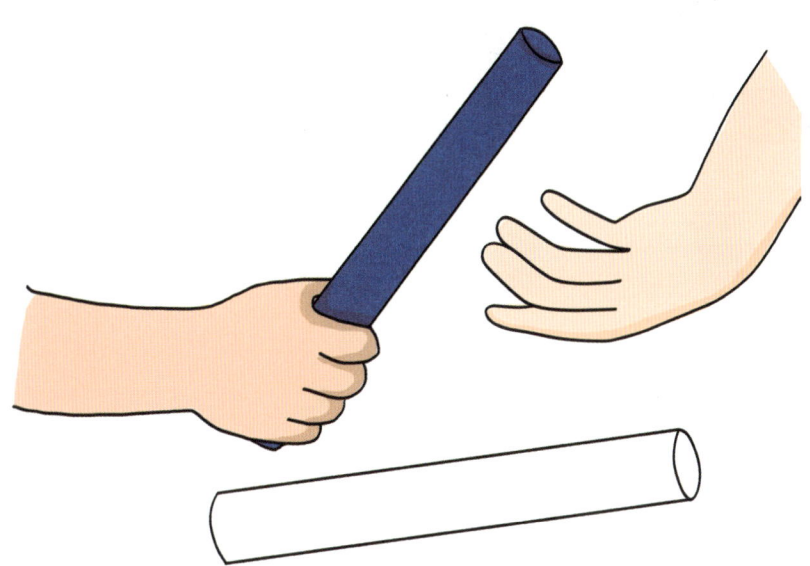

바통(배턴)

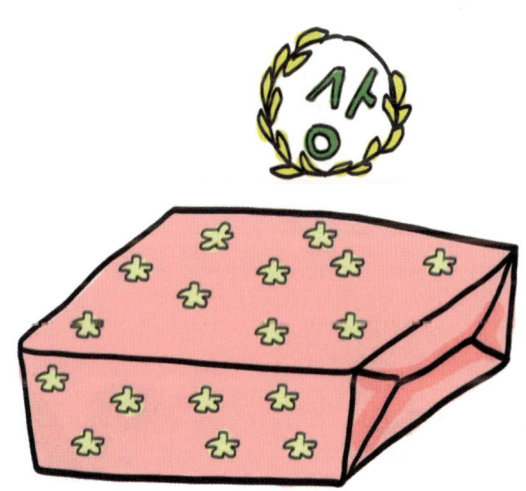

상/상품

운동장/운동회

앞으로 나란히

옆으로 나란히

줄다리기

기마전

장애물달리기

04 음악실

음악실

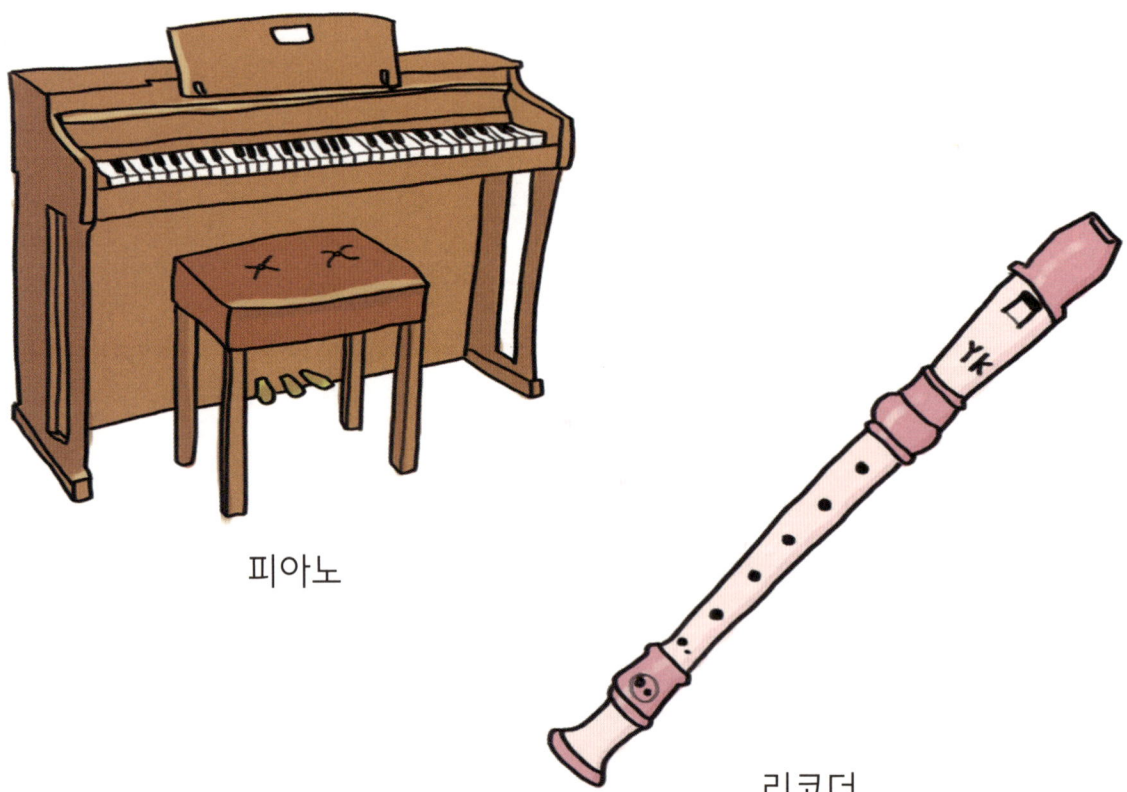

피아노

리코더

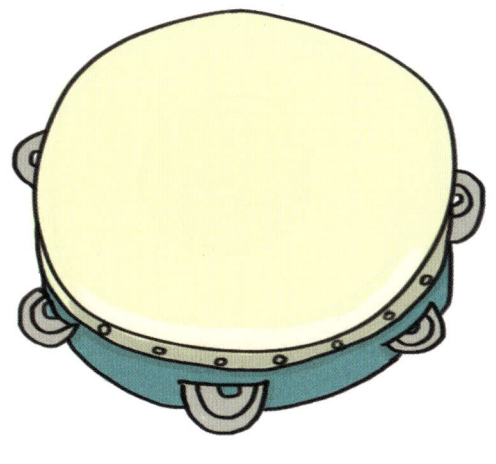
탬버린

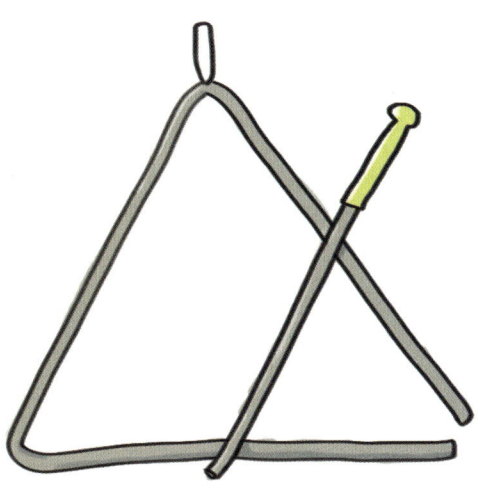
트라이앵글

캐스터네츠

장구

단소

음악실

소고

북

기타

심벌즈

드럼

05 과학실

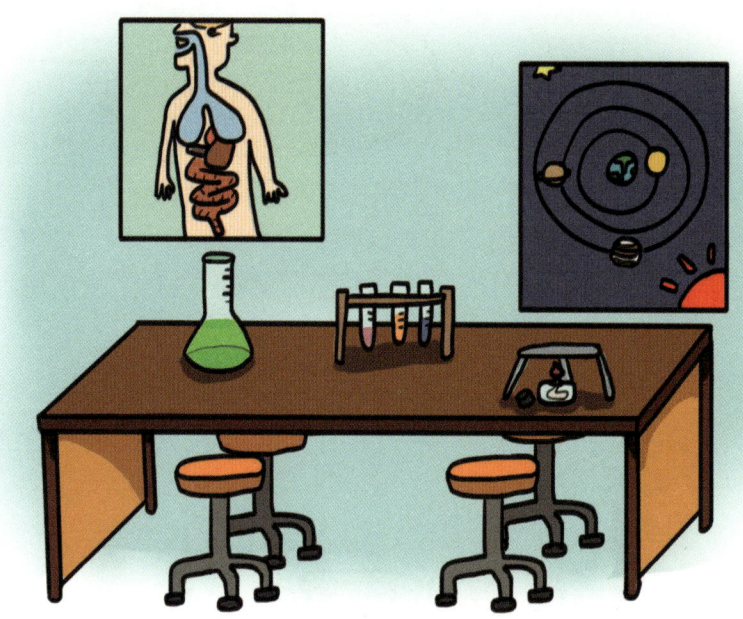

과학실

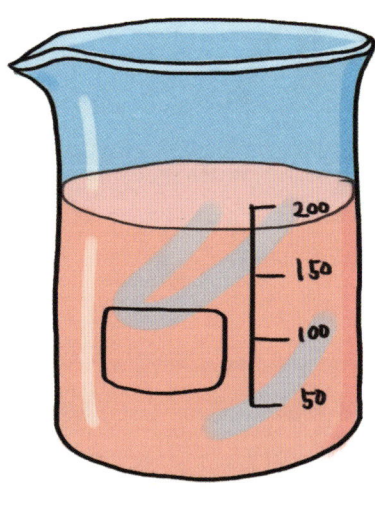

비커

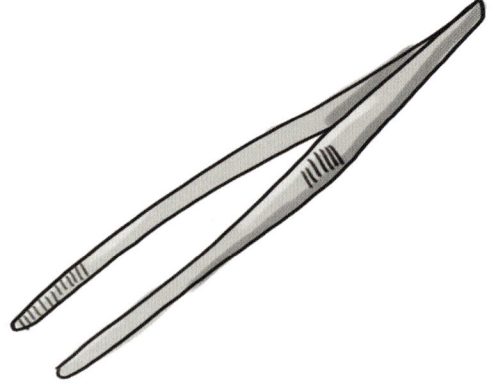

핀셋

알코올램프

삼발이/삼각대

시험관

삼각 플라스크

그림5
과학실

과학실

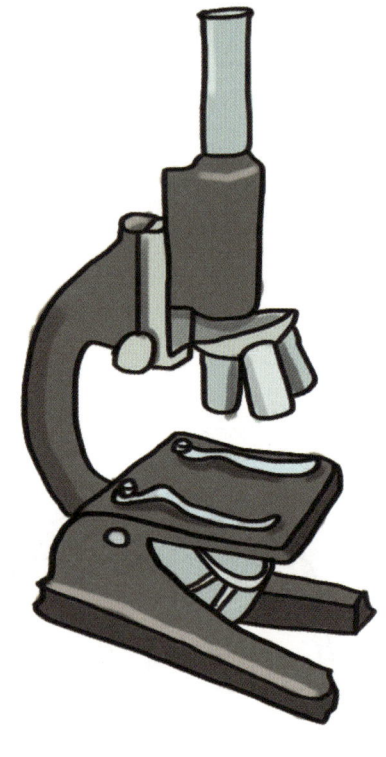

현미경

표본

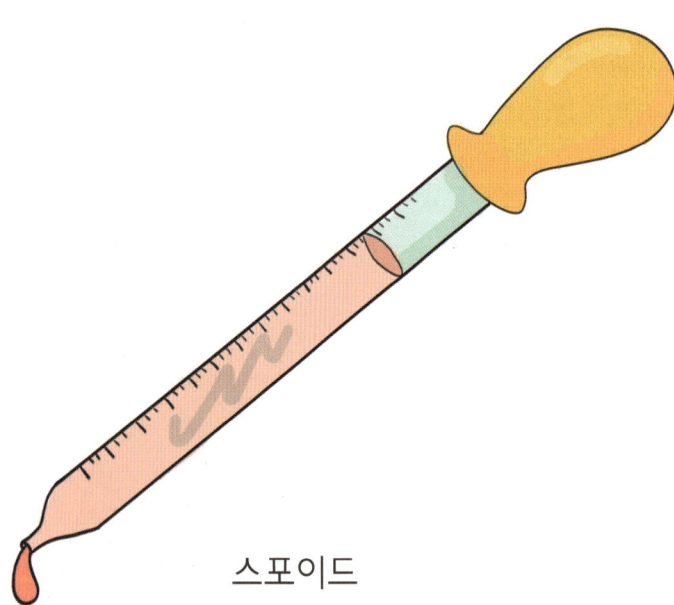

스포이드

전구

건전지

돋보기

06 양호실

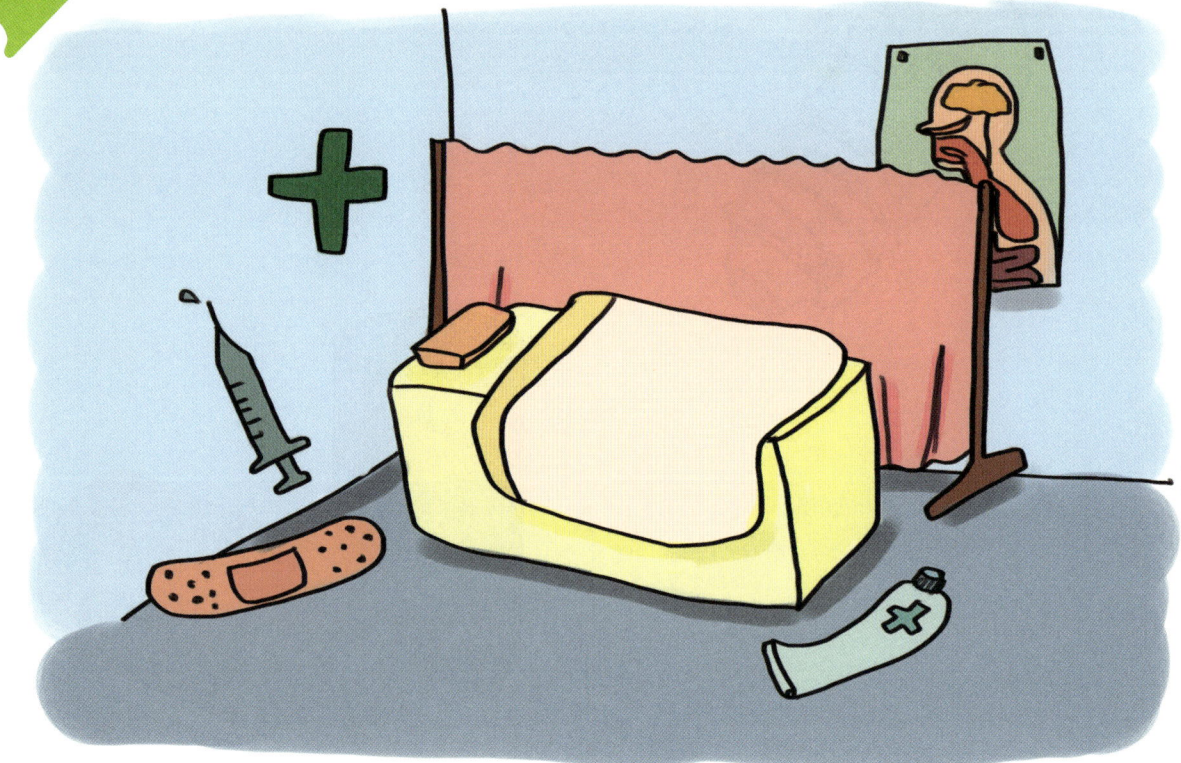

양호실

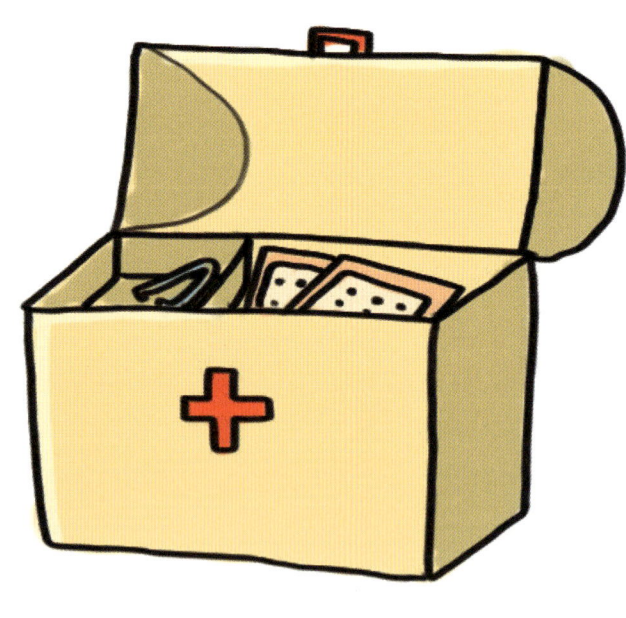

구급상자

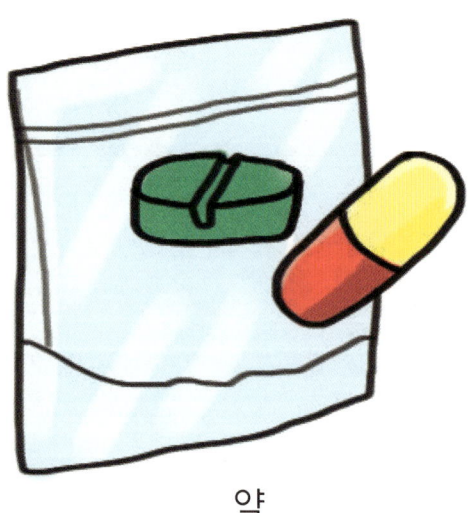

약

소독약

연고

밴드

그림6
양호실

양호실

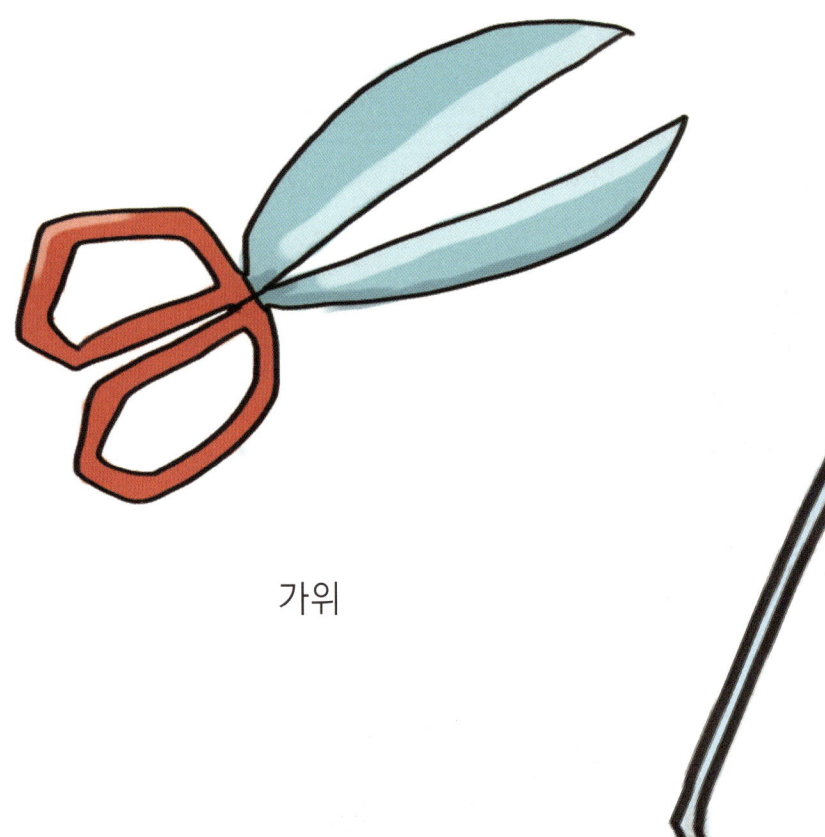

가위

핀셋

 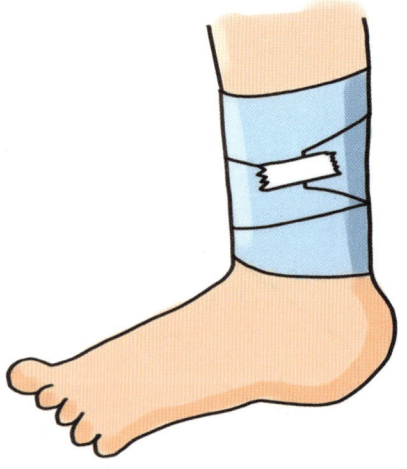

붕대

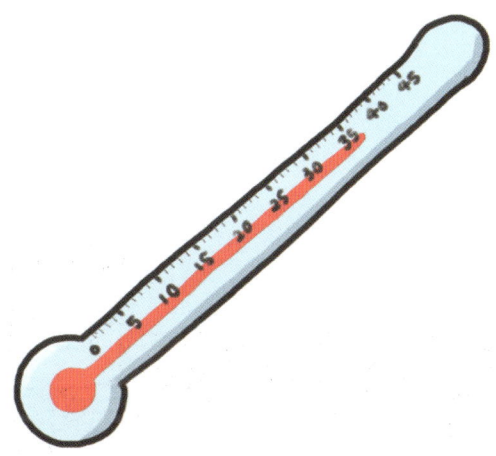

체온계

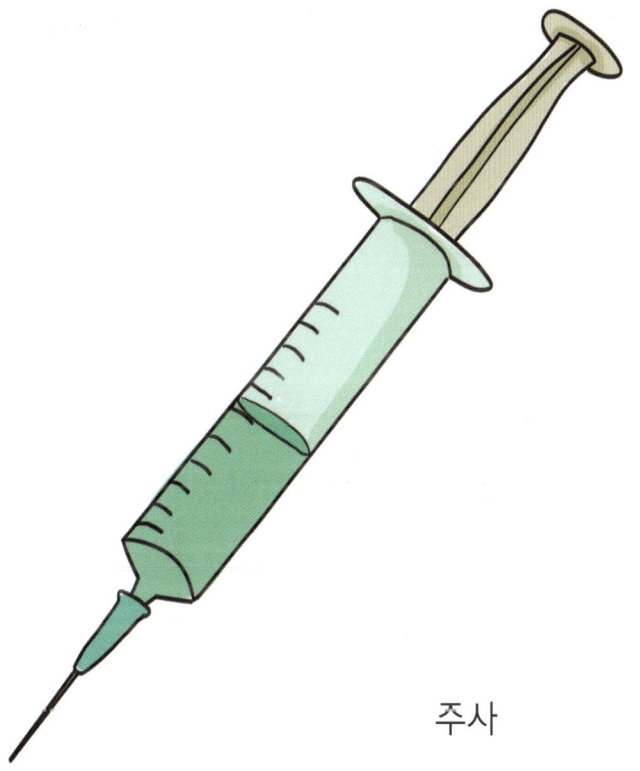

주사

그림6
양호실

점심시간

급식실

7월 30일 점심 식단

흰 쌀밥

맑은 장국

오징어 무침

돼지 불고기

열무 김치

고구마 맛탕

맛있게 드시고 남기지 마세요.

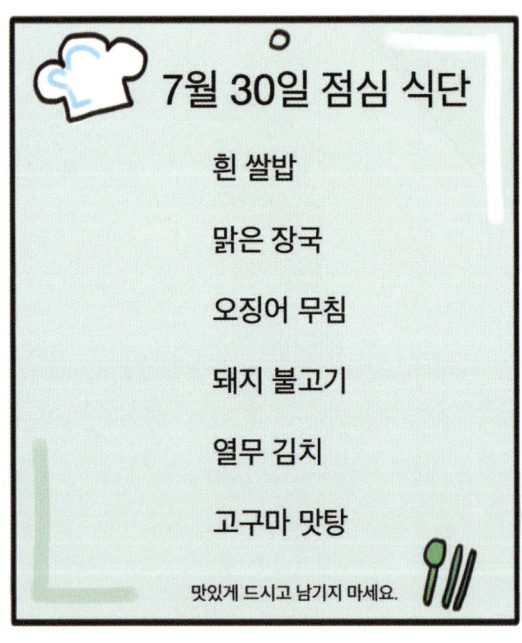

식단표/메뉴

도시락

식판

음식물 찌꺼기/잔반

수저(숟가락/젓가락)

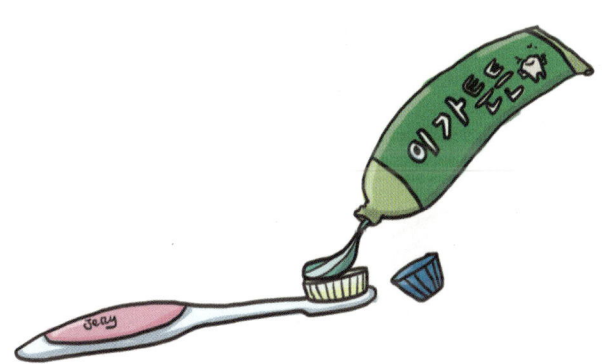

치약/칫솔

잔반 버리기

8 과목

국어

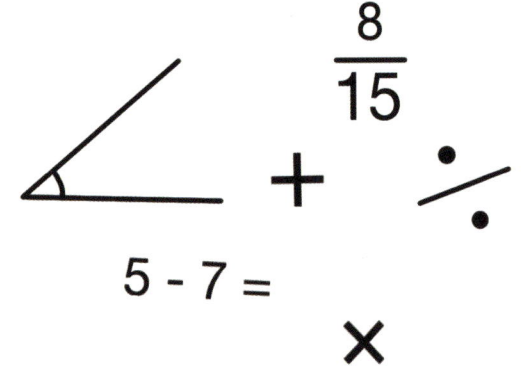

수학

영어

미술

사회

음악

체육

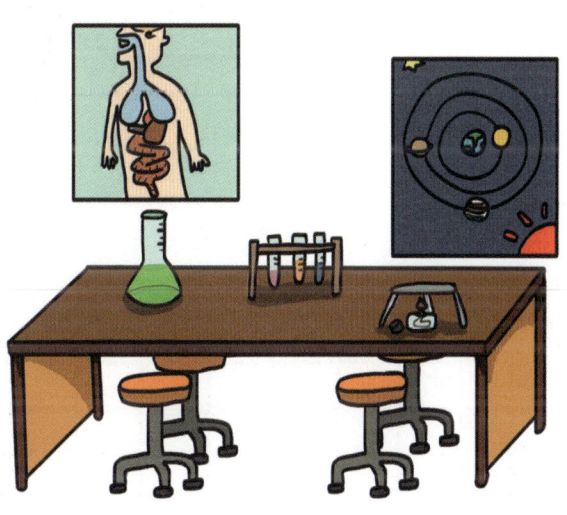
과학

그림8
과목

9 시험

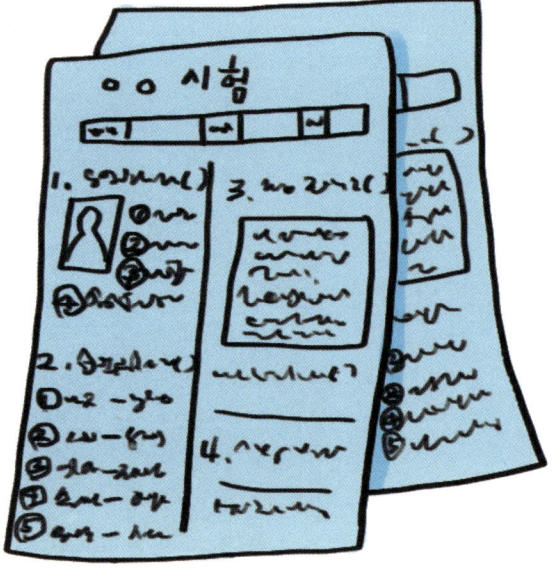

시험지

컴퓨터용 싸인펜

OMR 카드

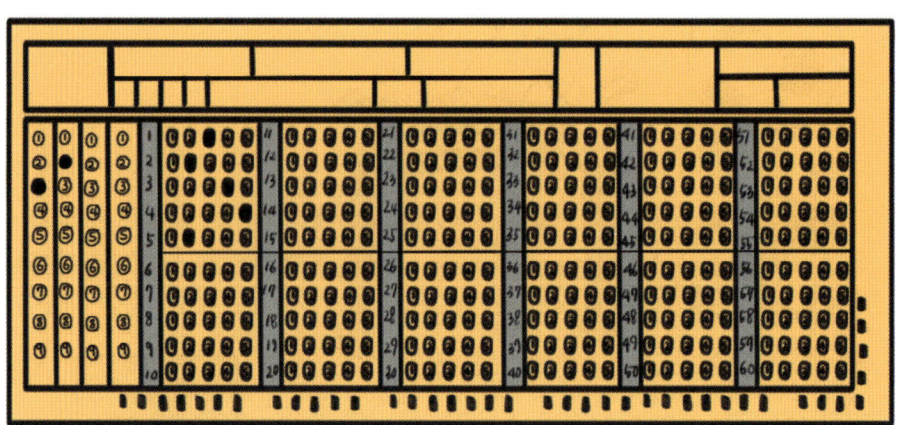

성적표

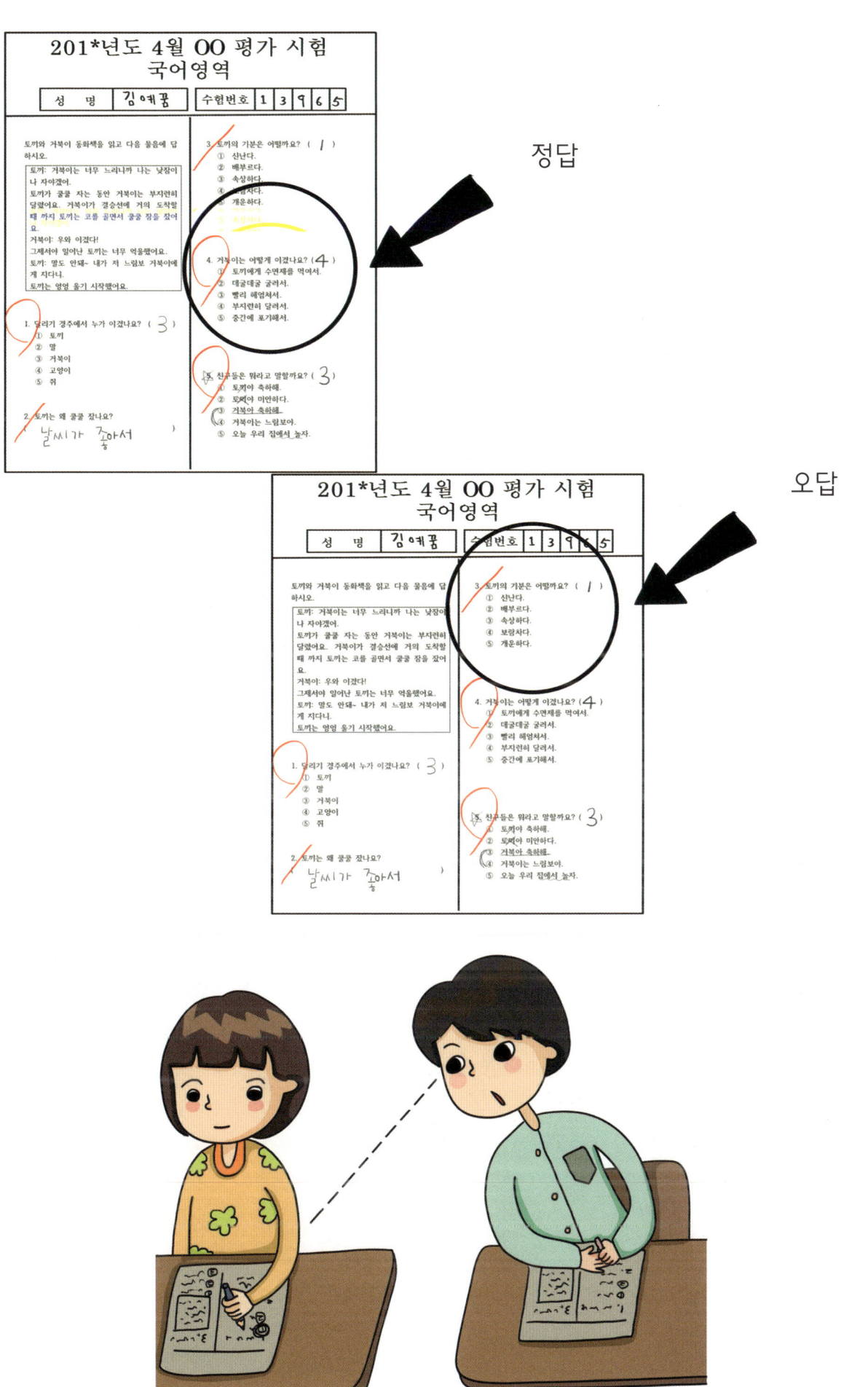

정답

오답

컨닝(커닝)

1. 교우관계

친구/동급생

선배

후배

입학생/신입생

졸업생

교우관계

전학/전학생

친구/우정

싸움

그림10
교우관계

10. 교우관계

절교

사과

화해

일진/학교폭력

왕따

그림10
교우관계

11 놀이

팽이

카드배틀/카드게임

게임기

휴대폰 게임

딱지

레고

놀이

구슬치기

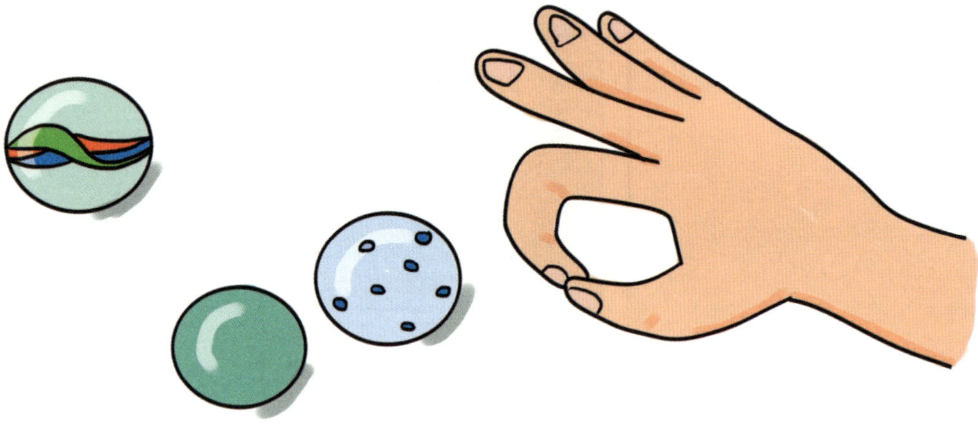

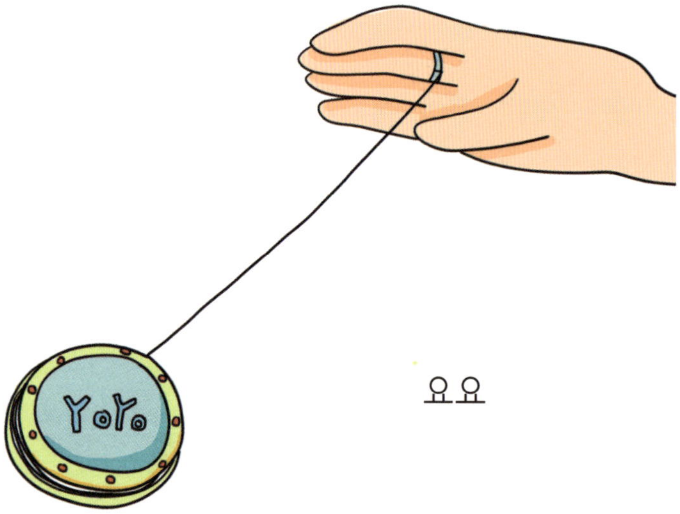

요요

공기

지우개 따먹기

바둑

통아저씨 게임

놀이

카드게임(할리갈리)

젠가

쌓기(아이스크림)

텀블링 몽키

놀이

고무줄

땅따먹기

얼음땡(술래잡기)

단어카드 이렇게 사용하세요!

선에 맞춰 자르면 앞뒷면으로 이루어진 단어카드가 됩니다. 카드 앞면을 보여주며 단어의 뜻을 익히도록 하고 뒷면에 나와 있는 예문을 통해 이해를 돕습니다. 글을 읽는데 어려움이 있는 아동이라면, 선생님이나 부모님이 읽어줍니다. 글을 쓸 수 있는 아동은 문장 만들기 칸에 해당 단어가 들어간 짧은 글을 적어보도록 하고, 글을 쓰는 데 어려움이 있는 아동은 짧은 이야기를 말해보도록 합니다.

01 학교

| 정문 | 뜻 건물의 앞쪽에 있는 문이에요. |

| 후문 | 건물의 뒤쪽에 있는 문이에요. |

| 특수학교 | 장애가 있는 학생들을 위해서 특별한 수업을 하는 학교예요. |

| 대안학교 | 대부분의 학교들과는 달리 정해진 수업이 아니라 부모님, 학생이 원하는 수업을 자유롭게 하는 학교예요. |

| 우측통행 | 길을 갈 때 오른쪽으로 다니는 것을 말해요. |

학교

우리학교 정문에는 경비아저씨가 계세요.

문장 만들기

우리 집은 정문보다 후문으로 가는 게 더 가까워.

문장 만들기

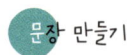
우현이는 시각장애가 있어서 특수학교에 다녀.

문장 만들기

민국이는 중학교를 대안학교로 갈 거래.

문장 만들기

복도에서는 우측통행 하세요.

문장 만들기

| 양보하다 | 내 자리나 물건을 다른 사람을 위해 주는 거예요. 또 길을 갈 때 다른 사람이 먼저 가도록 비켜주는 거예요. |

| 질서를 지키다 | 차례나 순서를 잘 지키는 것을 말해요. |

| 출입금지 | 어떤 건물이나 방 안에 들어가면 안 된다는 말이에요. |

| 화단 | 꽃이나 풀을 심기 위해 만든 꽃밭을 말해요. |

| 가꾸다 | 식물을 심어서 키우는 거예요. |

학교

예문 복도가 좁아서 수진이가 먼저 지나가도록 내가 <u>양보했어요</u>.

 문장 만들기

예문 <u>질서를 지켜서</u> 체육관으로 이동합시다.

 문장 만들기

예문 시험 기간에는 교무실에 <u>출입금지</u>야.

 문장 만들기

예문 우리 학교 <u>화단</u>에는 봉선화가 있어.

 문장 만들기

예문 엄마는 일요일에 정원을 <u>가꿔요</u>.

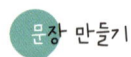 문장 만들기

노크하다	방이나 교실 안으로 들어가기 전에, 들어가도 되는지 안에 사람이 있는지 확인하기 위해서 문을 가볍게 똑똑똑 두드리는 거예요.
냉방	방이나 건물 안을 시원하게 만드는 거예요.
난방	방이나 건물 안을 따뜻하게 만드는 거예요.
환기하다	맑지 않은 공기를 맑은 공기로 바꾸는 것을 말해요.
문단속하다	누가 마음대로 들어오거나 나갈 수 없도록 문을 잘 닫고 잠그는 것을 말해요.

01 학교

예문 화장실에 들어가기 전에 <u>노크</u>를 하세요.

문장 만들기

예문 오늘 버스에 <u>냉방</u>이 안 돼서 너무 더웠어.

문장 만들기

예문 <u>난방</u>을 하려면 난로를 켜세요.

문장 만들기

예문 이상한 냄새가 나네. <u>환기</u> 시키게 창문 좀 열까?

문장 만들기

예문 집에 가기 전에는 교실 <u>문단속</u>을 잘 해주세요.

문장 만들기

02 교실/수업

담임선생님
뜻: 우리 반을 책임지고 돌봐주시는 선생님이에요.

호랑이선생님
뜻: 무서운 선생님을 말해요.

활동보조선생님
뜻: 공부하는 것이나 움직이는 것이 어려운 친구들을 도와주는 선생님이에요.

주번
뜻: 수업에 필요한 여러 가지 일을 하는 사람인데 일주일마다 바뀌어요.

당번
뜻: 어떤 일을 차례로 돌아가면서 맡을 때, 차례가 되어 그 일을 맡은 사람을 말해요.

교실/수업

> **예문**
> 조퇴를 할 때는 <u>담임선생님</u>께 말씀을 드려야 해.

문장 만들기

> **예문**
> 체육 선생님은 정말 <u>호랑이 선생님</u>이야.

문장 만들기

> **예문**
> 나는 다리가 불편해서 <u>활동보조 선생님</u>이 집에 데려다주셔.

문장 만들기

> **예문**
> 내가 이번 주 <u>조번</u>이어서 수업 끝나고 칠판을 닦아놔야 해.

문장 만들기

> **예문**
> 다음 주에는 우리 모둠이 청소 <u>당번</u>이야.

문장 만들기

회장	뜻 우리반을 대표하는 학생으로 반을 위해 여러가지 일을 하는 친구를 말해요.
부회장	뜻 회장 다음의 위치에 있고, 회장을 도와 일하는 사람이에요.
총무	뜻 회장과 부회장 다음의 위치에 있고, 여러 가지 일을 맡는 사람이에요.
모둠(조)	뜻 수업을 위해 여러 명씩 모여서 만든 모임을 말해요.
모둠장(조장)	뜻 모둠의 대표가 되는 사람이에요.

교실/수업

예문: 이번 회장선거에서 은찬이가 우리반 <u>회장</u>이 됐어.

 만들기

예문: 회장이 결석을 해서 <u>부회장</u>이 회의를 진행했어요.

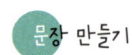 만들기

예문: 학급회비는 <u>총무</u>에게 내주세요.

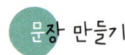 만들기

예문: 조별 발표를 하려고 네 명씩 <u>모둠</u>을 짰어요.

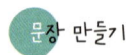 만들기

예문: 나는 제일 열심히 노력하는 예진이가 <u>모둠장</u>이 되면 좋겠어.

문장 만들기

| 모둠원(조원) | 하나의 조를 이루는 사람들을 말해요. |

| 키 순서대로
번호 순서대로 | 키/번호가 작은 사람부터 큰 사람까지 차례대로라는 말이에요. |

| 배우다 | 어떤 것을 공부해서 알게 되거나 연습해서 익히는 것을 말해요. |

| 학습하다 | 공부하고 배워서 알고 익히는 것을 말해요. |

| 주제 | 공부나 토론을 할 때 중심이 되는 문제를 말해요. |

교실/수업

예문: 우리 모둠의 <u>모둠원</u>은 5명이야.

문장 만들기:

예문: 앉는 자리는 <u>키 순서대로</u> 정했어요.

문장 만들기:

예문: 나는 방학 때 수영을 <u>배웠어</u>.

문장 만들기:

예문: 체험 <u>학습</u> 시간에 여러 가지 곤충들을 알게 됐어.

문장 만들기:

예문: 오늘 학급회의 <u>주제</u>는 '우리 반 규칙 정하기'입니다.

문장 만들기:

수업시간	뜻: 선생님께서 가르쳐주시는 것을 배우는 시간을 말해요.
쉬는시간	뜻: 하나의 수업이 끝나고 다음 수업이 시작되기 전에 잠깐 공부를 하지 않고 쉴 수 있는 시간을 말해요.
종소리	뜻: 수업이 시작될 때나 끝날 때를 알려주는 종소리(음악소리)를 말해요.
조례	뜻: '조회'라고도 해요. 아침에 수업을 시작하기 전에 모여서 선생님께 지시사항이나 주의사항을 들어요.
종례	뜻: 학교에서 수업이 모두 끝난 뒤에 모이는 시간을 말해요. 선생님께서 숙제나 준비물을 알려주세요.

교실/수업

예문 오늘 <u>수업시간</u>에는 질문을 많이 했어요.

문장 만들기

예문 화장실은 <u>쉬는 시간</u>에 다녀오세요.

문장 만들기

예문 수업시간을 알리는 <u>종소리</u>가 들렸어요.

문장 만들기

예문 담임선생님께서 <u>조례</u> 시간마다 오늘 할 일을 알려주십니다.

문장 만들기

예문 우리 이따가 <u>종례</u> 끝나고 집에 같이 가자.

문장 만들기

출석	뜻: 학교에 온 것을 말해요.
결석	뜻: 학교에 오지 않은 것을 말해요.
지각	뜻: 정해진 시간보다 늦게 도착하는 거예요.
병결	뜻: 아파서 결석을 하는 거예요.
조퇴	뜻: 학교가 마칠 시간이 안 됐는데 선생님께 허락 받고 먼저 집에 가는 거예요.

교실/수업

예문: 오늘은 모든 학생이 출석했어요.

문장 만들기:

예문: 내 짝은 아파서 자주 결석을 해.

문장 만들기:

예문: 수업시간에 지각하는 사람은 화장실 청소를 해야 한대.

문장 만들기:

예문: 오늘은 병결한 사람이 두 명이나 있어요.

문장 만들기:

예문: 예빈이는 감기 때문에 조퇴했어요.

문장 만들기:

차렷

 바른 자세로 서거나 앉아서 움직이지 않는 거예요.

경례

 예의바르게 인사하는 것을 말해요.

태극기를 보고 경례를 할 때는
오른손을 가슴에 대요.
군인들이 경례를 할 때는 오른손을 이마에 대요.

숙제

 선생님께서 집에서 예습이나 복습을 하라고 내주시는 문제예요.

검사

 어떤 것이 좋은지 나쁜지, 잘 했는지 못 했는지 살펴보는 거예요.

숙제를 해왔는지 선생님이 검사해요.

제출하다

 숙제나 과제를 다 해서 선생님께 내는 것을 말해요.

교실/수업

예문  **문장 만들기**

<u>차렷</u> 자세로 앉아보세요.

예문  **문장 만들기**

"차렷! 선생님께 <u>경례</u>!"

예문 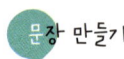 **문장 만들기**

오늘 다 못 푼 문제들은 집에서 <u>숙제</u>로 해 오세요.

예문 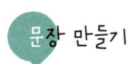 **문장 만들기**

숙제 <u>검사</u>를 하겠어요. 숙제해 온 공책을 꺼내보세요.

예문 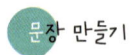 **문장 만들기**

오늘 숙제는 내일 점심때까지 <u>제출하세요</u>.

| 필 기 | 뜻: 수업 내용을 받아 적는 것, 공책에 글씨를 쓰는 것을 말해요. |

| 토 론 | 뜻: 어떤 문제에 대해서 여러 사람들이 자신의 생각을 말하는 거예요. |

| 규 칙 | 뜻: 다함께 지키기로 약속한 일들을 말해요. |

| 체 벌 | 뜻: 잘못했을 때 때리거나 몸이 힘들도록 벌을 주는 것을 말해요. |

| 발 표 | 뜻: 친구들 앞에서 내가 아는 것이나 공부한 내용을 얘기하는 거예요. |

교실/수업

예문 사회시간에 <u>필기</u>한 것 좀 보여줘.

문장 만들기

예문 오늘은 '일기를 꼭 써야 하는가'에 대해서 <u>토론</u>해봅시다.

문장 만들기

예문 이 게임의 <u>규칙</u>을 다시 한 번 설명해줘.

문장 만들기

예문 우리학교에서는 <u>체벌</u>을 하지 않아요.

문장 만들기

예문 숙제해온 것을 친구들 앞에서 <u>발표</u>해보세요.

문장 만들기

| 칭찬 | 뜻: 다른 사람의 좋은 점, 착한 일, 잘하는 것 등을 높여주는 말이에요. |

| 꾸중 | 뜻: 어른이 아이가 잘못한 일을 혼내는 거예요. |

| 호명하다 | 뜻: 이름을 부른다는 말이에요. |

| 벌점 | 뜻: 나쁜 행동을 했을 때 받는 점수예요. 받은 점수에서 벌로 점수를 빼기도 해요. |

| 상점 | 뜻: 좋은 행동을 했을 때 받는 점수예요. |

교실/수업

예문 민수는 내가 친절하다고 <u>칭찬</u>해줬어요.

문장 만들기

예문 민재는 친구와 싸워서 선생님께 <u>꾸중</u>을 들었어요.

문장 만들기

예문 <u>호명하는</u> 사람은 일어서세요.

문장 만들기

예문 지각을 많이 해서 <u>벌점</u>을 받았어.

문장 만들기

예문 발표를 해서 <u>상점</u>을 받았어요.

문장 만들기

단어	뜻
특기적성수업 (방과후수업)	취미(내가 좋아하는 것)나 특기(내가 잘하는 것)를 길러주는 시간이에요.
봉사활동	어려운 사람을 도와주거나 도움이 필요한 곳에 가서 일을 하는 것을 말해요.
자습	다른 사람이 가르쳐주지 않고 혼자 힘으로 공부하는 것을 말해요.
심부름	다른 사람이 시키거나 부탁한 일을 해주는 거예요.
집중	어떤 일에 생각이나 힘을 모으는 거예요.

교실/수업

예문: 방과후 교실에서는 <u>특기적성 수업</u>을 해요.

문장 만들기

예문: 유이는 다른 사람 도와주는 것을 좋아해서 <u>봉사활동</u> 시간이 벌써 100시간이 넘는대.

문장 만들기

예문: 일찍 온 학생들은 1교시 전까지 <u>자습</u>을 하세요.

문장 만들기

예문: 선생님께서 교무실에서 책을 가져오라고 <u>심부름</u>을 시키셨어요.

문장 만들기

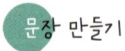
예문: 수업 시간에는 선생님께서 말씀하시는 것에 <u>집중</u>하세요.

문장 만들기

정숙하다	조용하고 얌전한 것을 말해요.
딴생각	이야기하고 있는 것과 상관없는 다른 생각을 말해요.
잡념	여러 가지를 뒤섞어서 생각하는 거예요.
떠들다	시끄럽게 큰 소리로 말하는 거예요.
지루하다	재미없고, 따분하고, 싫증이 나는 거예요.

교실/수업

예문 복도에서는 <u>정숙하게</u> 다니세요.

문장 만들기

예문 수업시간에 <u>딴생각</u>을 하다가 선생님의 질문에 대답을 못 했어.

문장 만들기

예문 국어시간에 <u>잡념</u>이 들어서 집중이 안 됐어.

문장 만들기

예문 쉬는 시간에는 마음껏 <u>떠들어도</u> 돼.

문장 만들기

예문 그 만화는 <u>지루해서</u> 중간에 그만 봤어.

문장 만들기

| 장황하다 | 길고 복잡하게 말하는 거예요. |

| 방해 | 다른 사람의 일을 잘못되게 하거나 못하도록 하는 거예요. |

| 준비물 | 어떤 일을 하기 위해서 미리 챙겨야 하는 물건이에요. |

| 참고서 | 교과서 내용을 잘 이해하거나 예습, 복습할 수 있도록 도와주는 책이에요. |

| 문제집 | 공부한 내용을 확인할 수 있는 문제들을 모아놓은 책이에요. |

교실/수업

예문 선생님의 말씀이 <u>장황해서</u> 이해하기 어려웠어요.

문장 만들기

예문 수업시간에 떠들면 친구들이 공부하는 데 <u>방해</u>가 되잖아.

문장 만들기

예문 내일 음악수업 <u>준비물</u>은 리코더예요.

문장 만들기

예문 가희는 복습을 하려고 교과서와 <u>참고서</u>를 꺼냈습니다.

문장 만들기

예문 시험을 잘 보려고 <u>문제집</u>을 여러 번 풀어봤어.

문장 만들기

| 전 과 | 모든 과목의 참고서를 한꺼번에 묶어놓은 책이에요. |

| 학 용 품 | 공책, 연필, 지우개 등 공부할 때 필요한 물건들을 말해요. |

| 알 림 장 | 숙제나 준비물처럼 꼭 알아야 하는 것을 적어놓는 공책을 말해요. |

| 연 습 장 | 글이나 그림 등을 연습할 때 쓰는 공책이에요. |

| 종 합 장 | 종이를 여러장 묶어두어서 이것저것 적거나 적거나 그릴 수 있는 공책이에요. |

교실/수업

예문: 나는 <u>전과</u>를 보면서 숙제를 했어.

문장 만들기:

예문: 어제 문방구에서 새 <u>학용품</u>을 샀어.

문장 만들기:

예문: 엄마가 <u>알림장</u>을 보시고 준비물 챙기는 것을 도와주셨어.

문장 만들기:

예문: 내 동생은 <u>연습장</u>에 낙서하는 것을 좋아해.

문장 만들기:

예문: 나는 소정이 생일 선물로 <u>종합장</u>에 편지를 써서 줬어.

문장 만들기:

출석부

 반 친구들이 출석했는지 안 했는지 선생님께서 이름을 부르고 확인하는 책이에요.

가정통신문

학교에서 부모님께 알리는 내용이 적힌 종이예요.

예습

 배울 내용을 미리 공부하는 것을 말해요.

복습

 배운 내용을 다시 공부하는 것을 말해요.

교실/수업

예문 은지가 결석을 해서 선생님께서 <u>출석부</u>에 표시를 하셨어요.

문장 만들기

예문 오늘 나눠준 <u>가정통신문</u>을 부모님께 꼭 전달해 주세요.

문장 만들기

예문 어제 <u>예습</u>을 했더니 수학 수업이 어렵지 않았어.

문장 만들기

예문 오늘 배운 내용을 집에 가서 <u>복습</u>해 오세요.

문장 만들기

03 운동장

| 운동회 / 체육대회 | 뜻: 학생들이 모여 여러 가지 운동경기를 하는 행사예요. |

| 릴레이 / 계주 / 이어달리기 | 뜻: 몇 명이 조를 만들어서 조원들이 한 명씩 이어서 달리는 경기예요. |

| 반 대항 | 뜻: 반끼리 편을 짜서 경기를 하는 거예요. |

| 시상식 | 뜻: 상을 주는 행사를 말해요. |

| 응원가 | 뜻: 경기하는 사람들에게 힘을 내라고 불러주는 노래예요. |

 운동장

예문 이번 운동회에서 백군이 이겼어.

문장 만들기

예문 이번 릴레이 경기에서는 내가 제일 마지막에 달리고 싶어.

문장 만들기

예문 내일 반 대항 축구 시합이 있어.

문장 만들기

예문 경기가 다 끝나고 나면 시상식을 한대.

문장 만들기

예문 2반 친구들은 북을 치며 응원가를 불렀어요.

문장 만들기

| 응원구호 | 뜻: 경기하는 사람들에게 힘을 내라고 외쳐주는 짧은 말이에요. |

| 체력장 | 뜻: 학생건강체력평가제(PAPS) 몸의 힘이나 몸을 움직이는 능력을 알아보는 검사를 말해요. |

| 턱걸이 | 뜻: 철봉을 손으로 잡고 팔에 힘을 줘서 몸을 끌어올려 턱이 철봉 위까지 올라가게 하는 운동을 말해요. |

| 멀리뛰기 | 뜻: 달려오다가 또는 제자리에서 뛰어올라 최대한 멀리 가는 운동이에요. |

| 윗몸일으키기 | 뜻: 누워서 두 손을 뒷미리에 받치고 허리 윗부분의 몸을 반복해서 일으키는 운동이에요. |

단어카드3
운동장

운동장

예문 반장의 <u>응원구호</u>에 맞춰서 선수들을 힘차게 응원했어요.

문장 만들기

예문 평소에 열심히 운동을 했더니 <u>체력장</u> 점수가 작년보다 높게 나왔어.

문장 만들기

예문 체력장에서 <u>턱걸이</u>를 5개 했어요.

문장 만들기

예문 민재는 <u>멀리뛰기</u> 최고 기록을 세웠어.

문장 만들기

예문 <u>윗몸일으키기</u>를 할 때는 발을 바닥에서 떼면 안 돼.

문장 만들기

오래달리기	800미터, 1000미터처럼 긴 거리를 계속 달리는 거예요.
오래매달리기	철봉에 턱걸이를 한 채로 할 수 있는 만큼 오래 매달려 있는 운동이에요.
100미터 달리기	100미터의 거리를 할 수 있는 만큼 빨리 달려서 누가 더 빠른지를 겨루는 운동이에요.
선착순	먼저 오는 순서대로 한다는 말이에요.
이동하다	움직여서 자리를 옮기거나 바꾸는 것을 말해요.

운동장

예문: 오래 달리기가 끝나고 나니까 다리에 힘이 없었어요.

문장 만들기

예문: 체력장에서 오래 매달리기를 30초나 했어요.

문장 만들기

예문: 내 100미터 달리기 최고 기록은 20초야.

문장 만들기

예문: 선착순으로 앉을 거예요.

문장 만들기

예문: 모두 운동장으로 이동해주세요.

문장 만들기

| 집합하다 | 여러 사람이 한 곳에 모이는 것을 말해요. |

| 따르다 | 어떤 사람의 말을 듣고 그대로 행동하는 거예요. |

| 이기다 | 경기 또는 싸움에서 상대보다 높은 점수를 얻거나 상대를 앞서는 거예요. |

| 지다 | 경기 또는 싸움에서 점수가 낮게나 실력이 부족해서 상대를 이기지 못한 거예요. |

| 비기다 | 경기 또는 싸움에서 서로 점수나 실력이 비슷해서 이기거나 진 사람이 없는 거예요. |

운동장

예문: 선생님께서 운동장에 집합하라고 말씀하셨어요.

문장 만들기:

예문: 학생들은 선생님의 말씀을 잘 따랐습니다.

문장 만들기:

예문: 함께 힘을 모아서 줄다리기에서 꼭 이기자!

문장 만들기:

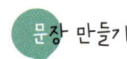

예문: 재훈이는 가위바위보에서 져서 속상한가봐.

문장 만들기:

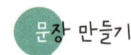

예문: 이번 게임은 1대 1로 비겼어.

문장 만들기:

| 시상하다 | 상을 준다는 말이에요. |

| 수상하다 | 상을 받는다는 말이에요. |

| 연설하다 | 여러 사람 앞에서 자신의 주장이나 의견을 말하는 거예요. |

| 훈화하다 | 선생님이 우리가 바르게 행동하는 데 도움이 되는 말을 해주시는 거예요. |

| 자유 시간 | 마음대로 하고 싶은 것을 할 수 있는 시간을 말해요. |

운동장

예문 1등한 사람에게 교장선생님께서 상장과 상품을 <u>시상했어요</u>.

문장 만들기

예문 나는 장기자랑에서 인기상을 <u>수상했어</u>.

문장 만들기

예문 교장선생님께서 '행복한 학교생활'에 대해 <u>연설하셨어요</u>.

문장 만들기

예문 교장선생님께서 예의바른 사람이 되라 <u>훈화하셨어요</u>.

문장 만들기

예문 점심을 먹고 나서 30분 동안 <u>자유시간</u>을 가졌어요.

문장 만들기

 04 점심시간

| 급식 | 뜻 학교, 회사, 군대 같은 곳에서 주는 식사를 말해요. |

| 배식 | 뜻 급식을 한 사람씩 나눠주는 것을 말해요. |

| 급식당번 | 뜻 급식을 받아오고 배식해주는 사람이에요. |

| 새치기 | 뜻 순서를 어기고 다른 사람의 자리에 끼어드는 것을 말해요. |

| 과식 | 뜻 지나치게 많이 먹는 거예요. |

점심시간

예문 오늘 점심 <u>급식</u>은 정말 맛있었어.

문장 만들기

예문 <u>배식</u>을 받을 때는 한 줄을 서세요.

문장 만들기

예문 <u>급식당번</u>은 배식을 하기 전에 손을 깨끗하게 씻으세요.

문장 만들기

예문 <u>새치기</u> 하지 말고 뒤에 가서 줄 서!

문장 만들기

예문 점심시간에 <u>과식</u>을 해서 배가 아팠어.

문장 만들기

05 도서관/과학실

사서선생님	뜻 도서관에서 책을 관리하고 빌려주는 일을 하는 선생님이에요.
빌리다	뜻 다른 사람의 물건이나 돈을 나중에 돌려주기로 하고 얼마 동안 쓰는 거예요.
대여하다	뜻 도서관 또는 대여점에서 책이나 물건을 빌리는 거예요.
반납하다	뜻 빌렸던 것을 다시 돌려주는 거예요.
연체하다	뜻 돌려주어야 하는 물건을 정해진 시간이 지나도 주지 않는 거예요.

도서관/과학실

예문 다 읽은 책은 <u>사서선생님</u>께 갖다드리도록 해.

문장 만들기

예문 이 책은 학교 도서관에서 <u>빌렸어요</u>.

문장 만들기

예문 도서관에서 책을 <u>대여했어요</u>.

문장 만들기

예문 이 책은 금요일까지 <u>반납해야</u> 돼.

문장 만들기

예문 도서관에서 빌린 책이 3일이나 <u>연체됐어</u>.

문장 만들기

독후감	책을 읽고 난 후의 느낌과 생각을 쓴 글이에요.
실험하다	배운 것이나 생각하는 것을 실제로 해보는 것을 말해요.
해부하다	동물의 신체를 째거나 갈라서 그 안을 조사하는 거예요.
주의하다	신경을 써서 조심하는 거예요.
부주의하다	조심하지 않는 거예요.

도서관/과학실

예문  **문장 만들기**

독후감 쓰기 숙제를 잘해서 칭찬 받았어요.

예문  **문장 만들기**

로켓을 만들면서 과학시간에 배운 것을 실험해봤어요.

예문 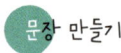 **문장 만들기**

과학시간에 개구리를 해부했어요.

예문  **문장 만들기**

물을 쏟지 않도록 주의하세요.

예문  **문장 만들기**

부주의하게 행동하면 사고가 날 수도 있어.

06 컴퓨터실/가사실

| 컴퓨터실 멀티미디어실 | 컴퓨터로 음성, 사진, 영상 등을 다루는 법을 배우는 교실 |

| 검색 | 책이나 컴퓨터에서 궁금한 것을 찾아보는 거예요. |

| 댓글 | 인터넷에 올라온 글에 대해 짧게 답해서 올리는 글을 말해요. |

| 악플 | 다른 사람에 대해 나쁘게 말하는 내용이 담긴 댓글을 말해요. |

| 선플 | 기분 좋은 댓글이나 다른 사람에 대해 좋게 말하는 댓글을 말해요. |

컴퓨터실/가사실

예문 멀티미디어실에서 컴퓨터로 그림을 그렸어요.

문장 만들기

예문 세계지도가 궁금해서 인터넷에서 검색해서 찾았어요.

문장 만들기

예문 수빈이가 올린 글에 나도 좋은 생각이라고 댓글을 달았어.

문장 만들기

예문 악플은 다른 사람의 마음을 아프게 하는 나쁜 행동이야.

문장 만들기

예문 악플 대신 선플을 달도록 노력하자.

문장 만들기

| 채팅 | 뜻 컴퓨터나 휴대폰 화면에서 다른 사람들과 글로 대화를 나누는 거예요. |

| 인터넷 예절 | 뜻 인터넷을 할 때 지켜야 할 예절을 말해요. |

| 실습 | 뜻 실제로 직접 경험해보면서 배우는 것을 말해요. |

| 조리하다 | 뜻 여러 가지 재료로 음식을 만드는 것을 말해요. |

| 청결하다 | 뜻 깨끗하다는 말이에요. |

컴퓨터실/가사실

예문: 나는 아직 타자를 빨리 못 쳐서 <u>채팅</u>이 어려워.

문장 만들기

예문: 악플을 다는 것은 <u>인터넷 예절</u>에 맞지 않아요.

문장 만들기

예문: 조리실에서 요리 <u>실습</u>을 했어요.

문장 만들기

예문: 이 음식은 <u>조리하는</u> 방법이 어려워.

문장 만들기

예문: 외출하고 집에 오면 손을 <u>청결하게</u> 씻으세요.

문장 만들기

쓰레기장/기숙사

소각하다
뜻: 어떤 것을 불태워서 없애는 것을 말해요.

분리수거
뜻: 쓰레기와 재활용품을 종류별로 나누어 버리는 거예요.

점호
뜻: 한 사람씩 이름을 불러서 모든 사람이 다 있는지 확인하는 거예요.

입실하다
뜻: 교실, 방, 병실 같은 곳에 들어가는 거예요.

퇴실하다
뜻: 교실, 방, 병실 같은 곳에서 나가는 거예요.

쓰레기장/기숙사

예문 쓰레기를 <u>소각할</u> 때는 마스크를 끼세요.

문장 만들기

예문 음료캔과 종이는 꼭 <u>분리수거</u> 하세요.

문장 만들기

예문 <u>점호</u> 시간이 끝나고 이동해주세요.

문장 만들기

예문 9시까지 모두 교실에 <u>입실</u>하세요.

문장 만들기

예문 <u>퇴실</u>할 때 놓고 가는 짐이 없는지 확인하세요.

문장 만들기

8 입학/졸업/학년

| 입 학 | 뜻 학교에 들어가서 학생이 되는 것을 말해요. |

| 입 학 식 | 뜻 입학을 할 때 신입생들을 모아놓고 행사를 하는 거예요. |

| 입 학 생
신 입 생 | 새로 학교에 들어간 학생을 말해요. |

| 졸 업 | 유치원이나 학교를 끝까지 잘 마친 것을 말해요. |

| 졸 업 장 | 유치원이나 학교를 끝까지 잘 다녔다고 주는 종이에요. |

입학/졸업/학년

예문: 형은 중학교에 <u>입학</u>을 했어요.

문장 만들기:

예문: <u>입학식</u>에 삼촌도 오실 거예요.

문장 만들기:

예문: 선배들이 <u>신입생</u>들을 환영해줬어요.

문장 만들기:

예문: 6학년이 끝나면 초등학교를 <u>졸업</u>하게 돼.

문장 만들기:

예문: 교장선생님께서 <u>졸업장</u>을 나누어주셨어.

문장 만들기:

졸업식	졸업생들에게 졸업장을 나눠줄 때 하는 행사예요.
졸업생	졸업을 하는 사람이에요.
송사	떠나는 사람에게 남아있는 사람이 해주는 인사말이에요.
수석	성적이 제일 뛰어난 것을 말해요.
선창	노래나 구호를 제일 먼저 부르거나 외치는 것을 말해요.

입학/졸업/학년

예문 이번 졸업식은 강당에서 한대.

문장 만들기

예문 졸업생들은 정든 친구들과 헤어지는 것이 슬퍼서 울었어요.

문장 만들기

예문 졸업식 때 현아가 송사를 읽을 거야.

문장 만들기

예문 이번에 수석으로 졸업하는 사람은 누굴까?

문장 만들기

예문 회장이 선창을 하면 그 뒤에 우리가 따라 부를 거야.

문장 만들기

| 선 서 | 뜻 여러 사람 앞에서 굳게 약속하거나 다짐하는 것을 말해요. |

| 송 별 회 | 떠나는 사람을 잘 보내주려고 모임을 갖는 거예요. |

| 송 별 의 노 래 | 떠나는 사람을 위해서 노래를 불러주는 노래예요. '송별가'라고도 해요. |

| 학 부 모 | 학생의 아버지와 어머니를 말해요. |

| 보 호 자 | 어떤 사람을 지키고 돌봐주는 사람이에요. |

입학/졸업/학년

예문 입학식 때는 신입생들이 멋진 학생이 되겠다는 <u>선서</u>를 해.

문장 만들기

예문 멀리 이사 가는 영훈이를 위해 <u>송별회</u>를 열어주자.

문장 만들기

예문 졸업식 때 <u>송별가</u>로 어떤 노래를 불렀으면 좋겠어?

문장 만들기

예문 졸업생의 <u>학부모님</u>들은 앞쪽에 앉아주세요.

문장 만들기

예문 지민이의 <u>보호자</u>는 할머니시래.

문장 만들기

재학	뜻 학교에 다니고 있다는 말이에요.
복학	뜻 학교를 잠시 안 다녔던 학생이 다시 학교에 다니는 것을 말해요.
유급	뜻 높은 학년으로 올라가지 못하고 그대로 남아 있는 거예요.
진급	뜻 다음 학년으로 올라가는 것을 말해요.
전학	뜻 다른 학교로 옮겨가서 배우는 것을 말해요.

입학/졸업/학년

> **예문**
> 우리 오빠는 중학교에 <u>재학</u> 중이야.

> **문장 만들기**

> **예문**
> 정현이는 올해까지 쉬고 내년에 <u>복학</u>한대.

> **문장 만들기**

> **예문**
> 윤서는 성적이 매우 나빠서 <u>유급</u>이 될 뻔 했어요.

> **문장 만들기**

> **예문**
> 형은 내년에 2학년에서 3학년으로 <u>진급</u>할 거야.

> **문장 만들기**

> **예문**
> 나는 부산에서 서울로 <u>전학</u>을 왔어요.

> **문장 만들기**

| 퇴학 | 뜻: 학교에서 쫓겨나서 더이상 못 다니는 거예요. |

| 휴학 | 뜻: 학교를 다니다가 잠시 쉬는 것을 말해요. |

| 방학 | 뜻: 학기나 학년이 끝났을 때, 더위나 추위가 심해서 학교에 나오지 않고 쉬는 기간이에요. |

| 개학 | 뜻: 방학이 끝나고 다시 학교에 와서 수업하는 것을 말해요. |

| 종업식 | 뜻: 한 학기나 학년을 마칠 때 하는 하는 행사예요. |

입학/졸업/학년

예문 교칙을 어기면 <u>퇴학</u>을 당할 수도 있어.

문장 만들기

예문 수빈이는 몸이 많이 아파서 1년을 <u>휴학</u>했어요.

문장 만들기

예문 이번 <u>방학</u>에는 할머니댁에 다녀올 거야.

문장 만들기

예문 <u>개학</u> 전까지 방학 숙제를 다 끝내야 해.

문장 만들기

예문 이번주 금요일에 <u>종업식</u>을 하면 봄방학이야.

문장 만들기

1학기 / 2학기	한 학년은 1학기와 2학기로 나뉘어 있어요. 여름방학 이전까지가 1학기, 여름방학 이후가 2학기예요.
반 배정	몇 반이 될지 정해주는 것을 말해요.
재량휴교일	교장선생님의 뜻에 따라 수업을 쉬는 날을 말해요.
단축수업	수업이 평소보다 일찍 끝나는 것을 말해요.
학부모 참관수업 참여수업/공개수업	학부모님께 보여드리기 위한 수업이에요.

입학/졸업/학년

예문: 2학기가 되면 공부를 더 열심히 할 거야.

문장 만들기:

예문: 나는 3반으로 반 배정이 됐는데 너는 몇 반이야?

문장 만들기:

예문: 내일은 재량휴교일이라서 학교에 안 가요.

문장 만들기:

예문: 오늘은 단축수업으로 2교시만 하고 집에 돌아왔어요.

문장 만들기:

예문: 아빠가 바쁘셔서 이번 학부모 참관수업에 못 오신대요.

문장 만들기:

09 특별한 날/야외활동

| 스승의 날 | 뜻 | 선생님께 감사한 마음을 전하는 날이에요. |

| 소풍/현장학습 | 뜻 | 학교에서 자연관찰, 운동, 견학 등을 위해 바깥에 다녀오는 활동을 말해요. |

| 수련회 | 뜻 | 학교나 단체에서 몸과 마음을 튼튼하게 하기 위해 며칠동안 훈련하러 가는 것을 말해요. |

| 장기자랑 | 뜻 | 친구들 앞에서 내가 잘하는 것을 뽐내는 행사를 말해요. |

| 레크리에이션 | 뜻 | 놀이나 게임 등을 하면서 즐거운 시간을 보내는 것을 말해요. |

특별한 날/야외활동

예문
스승의 날에 선생님께 편지를 써서 드렸어요.

문장 만들기

예문
선생님께서 이번 현장학습은 박물관으로 간다고 하셨어.

문장 만들기

예문
수련회에서 장기자랑 시간이 가장 기억에 남아.

문장 만들기

예문
우리 장기자랑 시간에 마술하는 거 어때?

문장 만들기

예문
레크리에이션 시간에 했던 풍선게임이 재미있었어.

문장 만들기

10. 환경미화/신체검사

신체검사
뜻: 건강 상태를 알기 위해서 몸의 여러 곳을 검사하는 것을 말해요.

신장
뜻: 키를 신장이라고도 해요.

청력검사
뜻: 소리가 잘 들리는지 안 들리는지 알아보는 검사예요.

시력검사
뜻: 눈이 어느 정도로 좋은지 알아보는 검사예요.

환경미화
뜻: 교실을 정돈하고 아름답게 가꾸는 일을 말해요.

신체검사/환경미화

예문: 이번 <u>신체검사</u> 때 보니까 몸무게가 2Kg이 늘었더라.

문장 만들기:

예문: 저 농구선수는 <u>신장</u>이 2미터가 넘는대.

문장 만들기:

예문: <u>청력검사</u>를 할 때 왼쪽 귀가 잘 들리지 않더라.

문장 만들기:

예문: 한쪽 눈을 가리고 <u>시력검사</u>를 시작했어.

문장 만들기:

예문: 우리반이 <u>환경미화</u> 대회에서 1등을 차지했어.

문장 만들기:

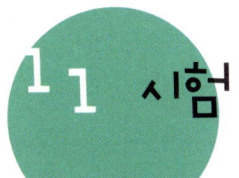

11 시험

| 시험 | 공부한 내용을 잘 알고 있는지 확인하기 위해 평가하는 것을 말해요. |

| 성적표 | 시험을 본 결과가 적혀 있는 종이를 말해요. |

| 중간고사 | 학기 중간에 보는 시험이에요. |

| 기말고사 | 학기가 끝날 때 보는 시험이에요. |

| 시험범위 | 배운 내용 중에서 시험에 나오는 부분을 말해요. |

11 시험

예문 다음주에 있는 시험에서 모두 최선을 다하길 바랍니다.

문장 만들기

예문 성적이 잘 나와서 빨리 엄마께 성적표를 보여드리고 싶어.

문장 만들기

예문 엄마가 중간고사 기간에는 게임을 하지 말라고 하셨어.

문장 만들기

예문 기말고사 성적이 잘 나왔으면 좋겠어.

문장 만들기

예문 국어 시험범위는 2단원, 3단원이야.

문장 만들기

| 정답 | 어떤 문제에 대해 맞는 답을 말해요. |

| 오답 | 어떤 문제에 대해 틀린 답을 말해요. |

| 채점하다 | 정답을 맞혔는지 틀렸는지 보고 점수를 매기는 것이에요. |

| 암기하다 | 기억할 수 있도록 외우는 것을 말해요. |

| 컨닝(커닝)하다 | 시험을 볼 때 미리 준비해온 답을 몰래 보거나, 다른 사람의 답을 몰래 보고 쓰는 것을 말해요. |

11 시험

예문 3번 문제 정답이 1번이 맞아?

문장 만들기

예문 내가 쓴 답이 오답이였어.

문장 만들기

예문 선생님께서 채점하신 시험지를 나누어 주셨어요.

문장 만들기

예문 구구단을 다 암기하는 것이 내 목표야.

문장 만들기

예문 컨닝하지 않도록 선생님께서 지켜보셨어요.

문장 만들기

| 벼락치기 | 어떤 일이 바로 앞으로 닥쳐서야 급히 서둘러 하는 것을 말해요. |

| 사생대회 | 그림을 그려서 실력을 겨루는 대회예요. |

| 백일장 | 글짓는 솜씨를 겨루는 대회예요. |

| 수능시험
수학능력시험 | 대학에 입학하기 전에 공부 실력에 대해 알아보기 위해 치르는 시험이에요. |

| 경시대회 | 수학이나 과학 같은 특정한 과목에서 실력을 겨루는 대회예요. |

11 시험

예문 어제 <u>벼락치기</u> 하느라 밤 늦게 잤더니 시험시간에 졸았어.

 문장 만들기

예문 은지는 <u>사생대회</u>에서 금상을 받았어.

 문장 만들기

예문 올해 <u>백일장</u>의 주제는 '우정'입니다.

 문장 만들기

예문 우리 형은 <u>수능시험</u>에 세 번째 도전하는 거야.

 문장 만들기

예문 과학 <u>경시대회</u>에 나가려고 열심히 준비했어.

 문장 만들기

12 학급회의

학급회의
뜻: 같은 반 학생들끼리 모여 의논하는 것을 말해요.

건의사항
뜻: 의견이나 바라는 것을 말해요.

의견
뜻: 어떤 것에 대한 자신의 생각이에요.

찬성
뜻: 다른 사람의 행동이나 의견이 좋다고 생각해서 따르는 것을 말해요.

반대
뜻: 다른 사람의 행동이나 의견에 맞서거나 따르지 않는 것을 말해요.

12 학급회의

예문 반장이 앞에 나가 <u>학급회의</u>를 시작했어요.

문장 만들기

예문 제 <u>건의사항</u>은 청소당번이 청소를 더 열심히 하는 것입니다.

문장 만들기

예문 더 이상 <u>의견</u>이 없으면 회의를 마치도록 하겠습니다.

문장 만들기

예문 나도 수진이 의견에 <u>찬성</u>이야.

문장 만들기

예문 <u>반대</u>하는 사람은 손을 들어주세요.

문장 만들기

| 주제 | 회의에서 중심이 되는 문제를 말해요. |

| 투표 | 표에 의견을 써서 모은 다음 결과를 정하는 것을 말해요. |

| 비밀투표 | 투표한 내용을 다른 사람이 모르도록 하는 투표예요. |

| 선거 | 회장, 부회장 같이 대표가 되는 사람을 투표를 통해 뽑는 것이에요. |

| 과반수 | 절반이 넘는 수를 말해요. 어떤 것을 정할 때 과반수가 넘는 사람이 찬성한 의견으로 정하기도 해요. |

12 학급회의

예문 오늘 회의의 <u>주제</u>는 '환경미화 역할 나누기'입니다.

문장 만들기

예문 지금부터 회장을 뽑기 위한 <u>투표</u>를 시작하겠습니다.

문장 만들기

예문 <u>비밀투표</u>니까 투표한 종이를 두 번 접어서 내주세요.

문장 만들기

예문 이번 <u>선거</u>에서는 회장, 부회장, 총무, 서기를 뽑을 거예요.

문장 만들기

예문 우리반 친구들 중에서 <u>과반수</u>가 넘게 참석했어.

문장 만들기

다 수 결

 회의에서 많은 사람의 의견에 따르는 것을 말해요.

동 의

 생각이나 의견이 같은 것을 말해요.

만 장 일 치

 모든 사람의 의견이 완전히 같은 것을 말해요.

학급회의

예문 다수결에 따라 청소당번을 일주일에 한번씩 바꾸기로 할게요.

 문장 만들기

예문 민준이의 의견에 동의하는 사람은 손을 들어주세요.

 문장 만들기

예문 수지가 만장일치로 부회장이 됐어.

 문장 만들기

13 교우관계

절친/단짝
뜻: 매우 친하고 항상 어울려 다니는 친구를 말해요.

베프
뜻: 베스트 프렌드(Best Friend)를 줄인 말로 좋은 친구, 가까운 친구를 말해요.

우정
뜻: 친구들끼리 마음을 나누는 일, 친구 사이의 정을 말해요.

따돌리다
뜻: 미워하거나 싫어해서 함께 하지 않으려고 멀리하는 것이에요.

왕따
뜻: 한 모임 안에서 어떤 사람을 따돌리는 것을 말해요. 또는 따돌림을 당하는 사람을 말해요.

13 교우관계

예문: 명수는 내 <u>절친</u>이야.

문장 만들기:

예문: 생일파티에 <u>베프</u>들을 초대하고 싶어요.

문장 만들기:

예문: 중학교에 가서도 우리 <u>우정</u> 변하지 말자.

문장 만들기:

예문: 난 친구를 <u>따돌리는</u> 행동은 하지 않아.

문장 만들기:

예문: 우리반은 <u>왕따</u> 없는 반이야.

문장 만들기:

학교폭력	학생들 사이에 일어나는 괴롭히는 행동, 몸과 마음을 아프게 하는 행동들을 말해요.
가해자	다른 사람에게 피해를 준 사람을 말해요.
피해자	다른 사람으로부터 피해를 받은 사람을 말해요.
신고하다	어떤 사실을 밝히고 알리는 것이에요.
게임중독	게임을 너무 많이 해서 생활하는 데 문제가 되는 것을 말해요.

13 교우관계

예문: 학교폭력은 친구와 가족을 아프게 하는 나쁜 행동이야.

문장 만들기:

예문: 가해자 학생들에게 큰 벌이 내려졌어.

문장 만들기:

예문: 피해자를 위로해주고 도와주어야 해요.

문장 만들기:

예문: 학교폭력은 반드시 신고해야 해.

문장 만들기:

예문: 그렇게 날마다 게임을 한다면 게임중독이 될 거야.

문장 만들기:

어휘력을 길러주는 **우리아이 언어학습** 학교편

3장 활동

01 십자말퍼즐

학교 1

🔴 가로열쇠

1. 조회를 할 때 사회자나 교장 선생님이 올라서는 자리예요. 조례대라고도 해요.
2. 선생님들이 수업을 준비하거나 여러 가지 일을 하시는 곳이에요.
3. 다른 사람을 위해서 내 생각이나 주장을 굽히는 일을 말해요. 다른 사람에게 물건이나 자리를 내어주는 것도 이것이에요.
4. 건물 안에 있는 긴 통로를 말해요. 교실들을 이어줘요.
5. 학교의 제일 앞에 있어서 주로 지나는 문이에요.
6. 차를 세워 두는 곳이에요.
7. 책이 모여 있는 곳이어서 이곳에 가면 책을 읽거나 빌릴 수 있어요.

🔴 세로열쇠

1. 일반 학교와는 다른 프로그램으로 교육하는 새로운 모습의 학교예요. 일반 학교의 문제점들을 해결하기 위해 대안적으로(대신해서) 만든 학교예요.
2. 몸이 불편하거나 장애가 있는 친구들이 모여 공부하는 반이에요. 특수학급을 OO반이라고도 하지요.
3. 학교에서 학생들의 건강을 관리하는 곳이에요. 아플 때 응급 처치를 하기도 하고 건강에 대해 진단하거나 상담을 하기도 해요.
4. 가정 시간에 실습을 하는 곳이에요. 요리할 수 있는 조리도구들이 있어요.
5. 실내에 운동 시설이 있어서 운동 경기나 체육 수업을 할 수 있는 곳이에요.
6. 조심하는 것을 말해요. 물놀이할 때 깊은 곳에 가서 사고가 나지 않도록 OO해야 해요.

십자말퍼즐

학교 2

🔴 가로열쇠

1. 차례나 순서가 잘 정리되어 있고 가지런한 모습을 말해요. 우리는 선생님의 말씀대로 ○○○○하게 체육관으로 이동했어요.
2. 길을 갈 때 오른쪽으로 다니는 것을 말해요.
3. 안전하지 못한 것을 말해요. 휴대폰을 보면서 걸어가는 것은 ○○해요.
4. 다른 사람의 물건을 나중에 돌려주기로 하고 가져다 쓴다는 뜻이에요.
5. 학교에서 음악 수업을 하는 교실을 말해요.
6. 학교에서 음식이나 학용품을 살 수 있는 곳이에요.
7. 위험하지 않게 지키고 보살피는 것을 말해요. 부모님은 우리 ○○자예요.
8. 문을 잘 닫아서 잠그는 것을 말해요.

🔴 세로열쇠

1. 아주 조용하고 엄숙한 분위기를 말해요.
2. 어떤 이론이나 생각이 맞는지 시험해 보는 것을 말해요. 과학 시간에 ○○을 많이 하지요.
3. 풀이나 나무로 건물의 주위를 둘러서 막는 것이에요. 비슷한 말은 '담, 담장'이에요.
4. 학교에서 행정적인 일을 하는 곳이에요. 학교를 운영하는 데 필요한 돈에 대해 관리하거나 학교를 홍보하는 일, 선생님들을 돕는 일 등 여러가지 일들을 하는 곳이에요.
5. 돈을 받고 물건을 파는 것을 말해요.
6. 아픈 사람을 보살피고 돌보는 것을 말해요. 병원에 가면 ○○사가 있지요.
7. 꽃이나 풀을 심기 위해 약간 높게 쌓아서 만든 꽃밭을 말해요.

십자말 퍼즐

사람 1

🗨 가로열쇠

1. 시험이나 대회에서 제일 좋은 성적을 받은 사람을 말해요.
2. 같은 학교를 나보다 먼저 다닌 사람이에요. 나보다 학년이 높아요.
3. 양호실에 계신 선생님이에요. 학교에서 다쳤을 때 치료해 주세요.
4. 학교에서 모든 일을 결정하고 관리하는 제일 높은 선생님이에요.
5. 학생인 자녀가 있는 부모님을 말해요.
6. 원래 선생님은 아니지만 하루 동안 선생님이 돼서 아이들을 가르치는 선생님을 말해요. 부모님이 가끔 학교에 오셔서 이 선생님이 되기도 해요.

🗨 세로열쇠

1. 대회나 시험에서 제일 낮은 성적을 받은 사람을 말해요.
2. 학생들을 가르치는 사람을 말해요.
3. 같은 학교를 나보다 늦게 들어온 사람이에요. 나보다 학년이 낮은 사람이에요.
4. 건강에 좋은 식단을 짜는 사람이에요. 이 사람이 짠 식단대로 급식이 나오지요.
5. 반을 대표하는 사람이에요. 투표를 해서 뽑아요.
6. 돈을 빼앗기나 폭력을 행하는 등 나쁜 행동을 하는 학생들 무리를 말해요.
7. 회장 다음 가는 사람으로, 회장을 돕는 역할을 해요.

십자말퍼즐

사람 2

🔴 가로열쇠

1. 어떤 모임에 가입한 사람을 말해요. 동아리에 가입하면 ○○이 돼요.
2. 몸이 불편하거나 도움이 필요한 친구들을 도와주는 보조 선생님을 ○○○○ 선생님이라고 해요.
3. 교장 선생님을 도와서 학교를 관리하고 운영하는 선생님이에요.
4. 한 조를 이룬 사람들을 말해요.
5. 아주 무서운 선생님을 이렇게 말해요.

🔴 세로열쇠

1. 영어를 쓰는 나라에서 와서 영어를 가르치는 외국인 선생님을 ○○○ 교사라고 해요.
2. 동아리 사람들이 모여서 활동하는 방이에요.
3. 학교 건물을 살피고 지키는 일을 하는 분이에요.
4. 조를 대표하는 사람을 말해요.
5. 새로 입학한 학생을 말해요.
6. 다른 학생들이 학교의 규칙(옷차림, 행동)을 지키도록 지도하고 감시하는 역할을 맡은 학생이에요.
7. 어떤 사람을 보호해야 하는 사람을 말해요. 부모님은 우리의 ○○○이지요.

십자말 퍼즐

교실

🔴 가로열쇠

1. 상장이나 상품을 주는 것을 말해요. 금메달 OO식이 있겠습니다.
2. 앉아서 책을 읽거나 공부하는 상을 말해요.
3. 도움이 될 수 있는 가르침을 말해요.
4. 검정색이나 초록색 판인데 그 위에 분필로 글씨를 쓸 수 있어요.
5. 학교에서 공부를 배우는 사람을 말해요.
6. 반의 모든 친구들이 청소를 하는 것이에요. 보통 하는 청소보다 힘들고 시간은 많이 걸리지만 평소에 청소하지 못했던 더러운 곳을 모두 청소할 수 있어요.
7. 집이 아닌 다른 곳에서 먹을 수 있게 밥과 반찬을 통에 싼 것이에요.

🔴 세로열쇠

1. 상장이나 상품을 받는 것을 말해요.
2. 책을 꽂아두는 곳이에요.
3. 학교에서 가장 높은 선생님이에요. 학교를 책임지고 있는 선생님이에요.
4. 칠판에 있는 분필 자국을 지울 수 있는 지우개예요.
5. 청소할 때 사용할 수 있는 빗자루, 쓰레받기, 걸레 같은 도구들을 말해요.
6. 학교에 가져온 자기 물건을 넣어 둘 수 있는 작은 서랍과 같은 것이에요.

01 십자말 퍼즐

수업 1
_____

정답은 199페이지에

🔴 가로열쇠

1. 더하기 빼기 곱하기 나누기 등 숫자에 대해 배우는 과목이에요.
2. 학교에서 수업시간에 보는 책이에요. 국어, 수학, 영어 책 등이 있어요.
3. 학교에 와서 실내화로 갈아 신을 때, 벗은 신발을 넣어 두는 장(곳)이에요. 집에 갈 때는 실내화를 벗어서 여기에 넣어두기도 해요.
4. 배우고 익히는 것을 말해요.
5. 스케치북 보다는 작고 공책보다는 두꺼워요. 줄이 그어져 있기도 하지만 보통 줄이 없는 하얀 종이여서 그림을 그릴 때 쓰기도 해요.
6. 우리반 친구들의 이름이 적혀있는 책이에요. 선생님이 친구들이 학교에 왔는지 안왔는지 알아보려고 선생님께서 이 책을 보면서 이름을 부르세요.
7. 존경하는 마음으로 인사를 하는 것이에요. 회장은 선생님이 반에 들어오시면 '차렷! ㅇㅇ!'라고 하고 우리는 다 같이 인사해요.
8. 친구들 앞에서 내가 하고 싶은 이야기나 알고 있는 것을 말하는 것이에요.

🔴 세로열쇠

1. 학생들이 선생님께 공부를 배우는 곳이에요. 초등 ㅇㅇ.
2. 교과서를 공부할 때 참고할 수 있는 책이에요. 교과서를 공부할 때 잘 모르는 부분을 가르쳐주는 책이에요.
3. 실내화로 갈아 신을 때 신발을 넣어 두거나 집에 갈 때 실내화를 넣어 가는 주머니예요.
4. 학생의 부모님을 말해요. 내가 만약 학교에 다닌다면 우리 아버지와 어머니는 ㅇㅇㅇ예요.
5. 수업을 마칠 때 모여서 선생님 말씀을 듣고 인사하는 시간이에요.
6. 선생님이 수업을 하지 않고 학생들 스스로 공부하는 시간이에요.

십자말 퍼즐

수업 2

정답은 199페이지에

🔴 가로열쇠

1. 시험을 볼 때 답을 표시하기 위해 필요한 사인펜이에요. 이것으로 답을 종이에 표시하면 컴퓨터로 채점을 할 수 있어요.
2. 학교 수업이 모두 끝나면 선생님이 준비물이나 주의사항을 알려주시고 마지막 인사를 하는 시간이에요.
3. 학교에서 집으로 보내는 안내문 같은 것이에요. 부모님이 알고 있어야 할 소식을 전해줘요.
4. 의자의 다른 말이에요. 책상과 함께 쓰일 때는 줄여서 책걸상이라고 하기도 해요.

🔴 세로열쇠

1. 공부할 때 필요한 물건들을 말해요. 필기도구(연필, 볼펜, 지우개 등)나 공책, 가위, 자 같은 것을 말해요.
2. 스케치북 보다는 작고 공책보다는 두꺼워요. 줄이 그어져 있기도 하지만 보통 줄이 없는 하얀 종이여서 그림을 그릴 때 쓰기도 해요.
3. 책상 옆에 가방을 걸 수 있게 낚시바늘 모양으로 돼있는 고리예요.
4. 존경하는 마음으로 인사를 하는 것이에요. 회장은 선생님이 반에 들어오시면 '차렷! ㅇㅇ'라고 하고 우리는 다 같이 인사해요.
5. 만나거나 헤어질 때 하는 행동이나 말이에요.
6. 글씨를 쓸 때 사용하는데 연필처럼 지우개로 지울 수는 없어요.
7. 배운 내용을 복습하거나 배울 내용을 예습할 때 사용하는 책이에요. 이 책에는 문제가 아주 많아서 문제를 풀면서 공부할 수 있어요.

십자말 퍼즐

_____ 운동장

🔴 가로열쇠

1. 학생들이 모두 모여서 여러 가지 운동 경기를 하는 것이에요.

2. 움직이다의 다른 말이에요. 모두 체육관으로 ○○하세요.

3. 먼저 도착하는 차례를 말해요. ○○○ 두 명에게 도장을 찍어주겠어요.

4. 아주 작은 돌 가루예요. 운동장, 놀이터 그리고 바닷가에 가면 많아요.

5. 몇 명이 조를 만들어서 조원들이 한 명씩 이어서 달리는 경기예요.

6. 아이들이 올라갔다 내려갔다 하면서 놀 수 있는 놀이 기구예요. 철봉으로 만든 집같이 생겼어요.

7. 늘 친하게 어울리는 사람이에요. 친구의 다른 말이기도 해요.

8. 발로 페달을 밟아서 앞으로 나가는 탈 것이에요. 보통 두 개의 큰 바퀴가 달려있어요. 아이들 것은 보조바퀴가 달려있기도 해요.

🔴 세로열쇠

1. 체육 시간이나 쉬는 시간에 뛰어 놀 수 있는 넓은 터예요. 모래나 잔디가 깔려 있어요.

2. 반을 대표하는 친구예요. 선생님께 인사할 때 이 친구의 신호에 따라요.

3. 운동을 아주 잘하는 사람이에요. 박태환, 김연아 같은 사람이에요.

4. 차례와 같은 말이예요. 누가 먼저 하고 나중에 하는지를 말해요.

5. 물을 따를 때 사용하는 기구예요. 이 안에 물을 넣어서 컵에 따르면 물이 쏟아지지 않아요.

6. 버스가 멈추는 곳이에요. 버스를 탈 때 여기서 기다렸다가 타고 내려요.

7. 사람이나 동물의 모양을 만들어 세워 놓은 것이에요.

십자말퍼즐

_____ 점심시간

🎈 가로열쇠

1. 학교에서 점심이나 저녁을 주는 것이에요.
2. 식당에서 나오는 음식이 어떤 것인지 써 놓은 표예요.
3. 아침, 점심, 저녁 시간에 먹는 음식을 말하는 것이에요. 아침○○, 점심○○, 저녁○○.
4. 학생들이 건강한 음식을 먹을 수 있도록 식사 메뉴를 정하고 음식을 관리하는 사람이에요.
5. 병균을 죽이는 기구예요.
6. 밥 말고 끼니 사이에 먹는 음식이에요. 보통 과자나 빵, 아이스크림 등을 먹어요.
7. 남은 반찬을 이렇게 말해요.

🎈 세로열쇠

1. 골고루 먹지 않고 한 두 가지 종류의 반찬만 먹는 것이에요.
2. 식사시간에 지켜야 하는 예절이에요.
3. 요리/조리를 하는 사람이에요.
4. 몸을 튼튼하게 하기 위해서 섭취해야 하는 것이에요. 탄수화물, 지방, 단백질 등이 있어요.
5. 점심식사를 하는 시간이에요.
6. 밥과 함께 먹는 음식이에요.

십자말 퍼즐

입학/졸업/학년

정답은 200페이지에

🎈 가로열소

1. 떠나는 사람에게 보내는 사람이 해주는 인사말이에요. 졸업식 때 현아가 OO를 할 거야.
2. 다른 학교로 옮겨 가서 배우는 거예요. 나는 부산에서 서울로 OO을 왔어.
3. 높은 학년으로 올라가지 못하고 그대로 남아 있는 거예요. 윤서는 수업을 너무 많이 빠져서 OO이 될 뻔 했어요.
4. 학교를 잠시 쉬었다가 다시 다니는 것을 말해요.
5. 학교에 새로 입학한 학생이에요.
6. 여러 사람 앞에서 굳게 약속하거나 다짐하는 것을 말해요. 입학식 때는 신입생들이 멋진 학생이 되겠다는 OO를 해.
7. 졸업생들에게 졸업장을 나눠줄 때 갖는 모임이에요. 가족들을 초대하기도 해요.

🎈 세로열소

1. 떠나는 사람을 잘 보내주려고 모임을 갖는 거예요. 멀리 이사 가는 영훈이를 위해 OOO를 열어주자.
2. 학교에 다니고 있다는 말이에요. 학교에 다니는 사람을 OO생이라고 해요.
3. 학년이 올라가는 거예요. 형은 내년에 2학년에서 3학년으로 OO할 거야.
4. 학생의 아버지와 어머니를 말해요.
5. 입학을 할 때 신입생들을 모아놓고 행사를 하는 거예요.
6. 노래나 구호를 제일 먼저 부르거나 외치는 것을 말해요. 회장이 OO을 하면 그 뒤에 우리가 따라 부를 거야.

십자말 퍼즐

특별한 날/야외활동

🗨 가로열쇠

1. 친구들 앞에서 춤이나 노래 같이 자기가 잘하는 것을 보여주는 거예요.
2. 친구들과 함께 몸과 마음을 튼튼하게 하는 여행이나 행사예요.
3. 졸업하기 전에 친구들과 함께 여행을 가는 것이에요.
4. 오랫동안 기억하고 싶어서 찍는 사진이에요. 보통 소풍이나 여행에 갔을 때나 졸업식, 입학식에 찍어요.
5. 여행을 하는 동안 머무는 곳이에요.
6. 견학이나 소풍을 갈 때 타고 가는 버스예요.

🗨 세로열쇠

1. 공부에 필요한 자료가 있는 장소에 직접 가서 배우는 것이에요.
2. 선생님과 학생들이 함께 며칠동안 여행을 가는 것이에요. 평소에 가보지 못했던 곳에 직접 가서 자연이나 문화에 대해 배워요.
3. 선생님과 친구들이 야외로 놀러갔다 오는 것이에요. 보통 반나절이나 하루동안 다녀와요.
4. 여행을 다녀올 때 그 장소를 기억하기 위해서 사오는 물건이에요.
5. 사진을 찍는 기계예요.

십자말 퍼즐

신체검사
_____

정답은 200페이지에

🗨 가로열쇠

1. 병을 예방하고 치료하기 위해 지역마다 있는 곳이에요. 병원과 비슷해요. OOO에서 독감 예방접종을 맞았어.
2. 눈이 잘 보이는지 안 보이는지를 검사하는 거예요.
3. 몸이 건강한지를 알기 위해서 몸의 각 부분을 검사하는 거예요.

🗨 세로열쇠

1. 소변을 받아서 몸에 병이 있는지 검사하는 거예요.
2. 가슴과 등을 둘러서 길이를 재는 것을 말해요.
3. '키'라는 말이에요. OO을 재어보니 150cm였어요.
4. 몸으로 활동할 수 있는 능력을 검사하기 위해서 하는 거예요. 오래달리기, 윗몸일으키기, 멀리뛰기 등을 해요.
5. 건강에 도움이 되도록 질병을 예방하고 치료하는 일에 힘쓰는 것을 말해요. 주변이나 음식을 깨끗하게 하는 것도 포함돼요. 여름에는 식중독에 걸리기 쉬우니 OO에 신경을 써야 해요.
6. 아파서 결석을 하는 거예요.
7. 귀가 잘 들리는지 안 들리는지를 검사하는 거예요.
8. 체중계에 올라가서 이것을 재요. 이것이 많이 나가면 뚱뚱하다고 말해요.
9. 끝마칠 시간이 되지 않았는데 일찍 나가는 것을 말해요. 나는 오늘 감기 때문에 OO를 했어요.

십자말 퍼즐

시험
___

🎈 가로열쇠

1. 누가 더 글을 잘 쓰나 겨루는 대회예요.
2. 잘한 사람과 못한 사람의 순서를 매기는 거예요. 1등, 2등, 꼴등과 같이 순서를 정한 거예요.
3. 수학 과목의 실력을 겨루는 대회예요.
4. 미술, 음악, 체육처럼 실제 몸으로 하며 배우는 수업을 OO 수업이라고 해요. 음악 OO 시간에는 노래를 부르거나 악기를 연주해요. 미술 OO 시간에는 그림을 그리거나 작품을 만들어요.
5. 한 학기의 중간에 치는 시험이에요.
6. 문제를 귀로 듣고 답을 찾는 시험이에요.

🎈 세로열쇠

1. 그림그리기 실력을 겨루는 대회예요.
2. 대학교에 들어갈 때 이 시험을 쳐요. '대학수학능력시험'을 줄여서 부르는 말이에요.
3. 공부한 결과 말고 공부하는 과정까지 함께 평가하는 거예요. 미술, 체육, 과학, 발표, 조사 등을 통해 학생의 다양한 능력을 평가해요.
4. 한 학기가 끝날 때 치는 시험을 말해요.
5. 직접 만나서 질문에 대답하는 형태의 시험이에요. 앞에 OO관이 앉아서 질문을 해요.
6. 외운다는 말이에요. 영어단어 OO는 정말 어려워.

십자말 퍼즐

_____ 학급회의

🗨 가로열쇠

1. 같은 반 친구들이 함께 모여서 어떤 것을 의논하는 거예요.
2. 우리 반을 대표하는 사람이에요. 부회장은 이 사람을 도와줘요.
3. 어떤 것을 결정할 때, 많은 사람들이 원하는 생각을 따르는 것을 말해요.
4. 회의를 할 때, 가장 중요한 주제 말고 또 다른 것에 대해 의논하는 거예요.
5. 투표를 다시 한다는 말이에요.

🗨 세로열쇠

1. 학급에서 어떤 일을 위해 돈이 필요할 때, 반 친구들이 이것을 내요.
2. 우리 반에 바라는 것이 있을 때, "OOOO이 있어요."라고 말할 수 있어요.
3. 절반이 넘는 사람이라는 말이에요. 10명 중에 7명이 찬성을 하면 OOO가 찬성을 한 거예요.
4. 어떤 일에 대한 생각을 말해요. 토론 시간에는 서로의 OO을 말하고 들어요.
5. 다른 사람의 생각에 나도 찬성한다는 말이에요.
6. 토론을 하거나 공부를 할 때 중심이 되는 문제를 말하는 거예요. 오늘 학급회의 OO는 '우리 반 규칙 정하기'입니다.
7. 손을 위로 든다는 말이에요. 이 문제는 OO로 결정하겠습니다. 찬성하는 사람은 손을 들어주세요.

십자말 퍼즐

교우관계 1

정답은 201페이지에

🎈 가로열쇠

1. 아주 가까운 친구를 뜻하는 말이에요.
2. 한 집단에서 어떤 사람을 일부러 떨어뜨려서 멀리하는 것을 말해요.
3. 싸우거나 갈등이 있었던 사람하고 나쁜 감정을 푸는 것을 말해요.
4. 함께 모여서 잘 지내는 것을 말해요.
5. 사귀던 연인이 헤어진다는 뜻이에요.
6. 친구들끼리의 관계를 말해요.
7. 학생들 사이에서 일어나는 폭행, 위협, 돈 빼앗기, 모욕, 따돌림 등의 사건을 말해요.

🎈 세로열쇠

1. 오랫동안 친하게 지내는 사람을 말해요.
2. 어떤 사람을 함께하지 않으려고 멀리하는 것을 말해요.
3. 화가 났을 때, 엉뚱하게 다른 사람에게 화를 내는 것을 말해요.
4. 어떤 상황이 불공평해서 마음이 답답하고 화가 나는 것을 말해요. 내가 하지 않은 잘못에 대해 누명을 쓰게 됐을 때 느끼는 마음이에요.
5. 매우 거칠고 사나운 성격을 'OO하다'고 말해요.
6. 친구 사이의 마음, 친구 사이의 정을 말해요.

십자말 퍼즐

교우관계 2

정답은 201페이지에

🗨 가로열쇠

1. 이야기를 퍼뜨린다는 뜻이에요.

2. 남의 잘못이나 비밀을 이르는 것을 말해요.

3. 아주 친근하고 다정한 태도로 대하는 것을 말해요. 길을 물어보시는 할머니께 OO하게 설명해 드렸어요.

4. 먼저 오는 순서, 먼저 도착하는 순서를 말해요.

5. 다른 사람에게 나쁘게 행동하는 것, 해를 입히는 것을 말해요. 다른 사람에게 피해를 준 사람을 OO자라고도 해요.

6. 어떤 일을 활발하게 하는 것을 말해요. 힘차게 움직인다는 뜻도 있어요.

7. 장난스럽게 괴롭히거나 함부로 대해서 웃음거리로 만드는 것을 말해요.

🗨 세로열쇠

1. 근거 없이 떠도는 소문을 말해요.

2. 어떤 사실을 학교, 기관(경찰서) 등에 알린다는 뜻이에요.

3. 친구 사이를 끊는 것을 말해요.

4. 여러명 가운데에서 몇 명을 가려서 뽑는 것을 말해요.

5. 다른 사람 때문에 해를 당하는 것을 말해요. 나쁜 일을 당한 사람을 OO자라고도 하시요.

6. 같은 활동을 하기 위해 모인 사람들을 말해요. 학교에서는 봉사활동 OOO, 댄스 OOO, 피구 OOO, 관현악 OOO 같은 것들이 있지요.

십자말풀이 정답

학교 1

¹조	회	¹대			⁴복	²도
		안		³양	보	움
		학		호		반
		²교	무	실		
⁴가						
⁵정	문		⁶주	차	장	⁵체
실			의			육
				⁷도	서	관

학교 2

¹질	서	¹정	연				
		숙		²우	측	통	⁴행
		²실		³울			정
		³위	험	타		⁵음	악	실
			⁴빌	리	다		
⁵판						⁷화	
⁶매	점		⁶간		⁸문	단	속
			⁷보	호			

사람 1

		¹끌			³후	
	¹일	등		²선	배	
⁴영			생			
³양	호	선	생	님		⁵회
사				⁴교	장	
	⁵학	⁷부	모			
		회	⁶일	일	교	사
		장	진			

사람 2

¹회	¹원		²활	동	보	조
	어			아		
	민			리		³경
	³교	감		방		비
	사		⁵신		⁴조	원
⁷보			입		장	
⁵호	랑	이	⁶선	생	님	
자			도			

교실

	¹수		²책	상		³교	훈
¹시	상		장			장	
						선	
⁴칠	판				⁵학	생	
판		⁶대	⁵청	소	님		
지			소			⁶사	
우		⁷도	시	락		물	
개		구				함	

수업 1

		²참		³신	발	장
¹수	¹학	고		발		
	²교	과	서	주		
				머		
⁸발	표		⁶자	니		
		⁴학	습			
⁶출	석	부		⁵종	합	장
		모	⁷경	례		

수업 2

		¹학		⁶볼		
¹컴	퓨	터	용	사	⁵인	펜
			품		사	
	⁴경					
²종	례		³가	정	동	신	⁷문
합			방				제
장		⁴걸	상				집
		이					

운동장

	¹운	동	²회		³운	
²이	동		장		동	
	장			³선	착	⁴순
		⁴모	래		수	서
⁵계	⁵주					
	전		⁶정	글	짐	
	⁸자	전	거		⁷동	무
			장		상	

십자말풀이 정답

점심시간

	¹편			²식	단	표
¹급	식		³식	사		
		³조		예		
		리		절		
⁴영	양	사		⁵점		
양				심	⁷잔	⁶반
⁵소	독	기		시		찬
			⁶간	식		

입학/졸업/학년

¹송	사					²재	
별					²전	학	
회							³진
			⁴복	⁴학		³유	급
				부			
				모	⁵신	⁵입	생
⁶선	서					학	
창				⁷졸	업	식	

특별한날/야외활동

¹현				²수	련	회	
장	기	자	랑	학			
학				여			
습		³졸	업	여	행		
					⁵숙	³소	
⁴기	념	⁵사	진			풍	
념		진					
품		기		⁶관	광	버	스

신체검사

	¹보	건	¹소		²가		⁵위
			변		슴		생
		⁴체		검	둘		
²시	력	검	사		레		⁶병
		장				⁷청	결
			⁸몸				력
⁹조			무		³신	체	검	사
퇴			게		장		사

시험

¹백	일	장		¹사		²등	²수
				생			능
³수	학	경	시	대	회		
행				회		⁴실	⁴기
평		⁵면					말
가		접					고
	⁶암			⁵중	간	고	사
⁶듣	기	평	가				

학급회의

			²건			³과	
	¹학	급	회	의		반	
	급			사		³다	수	결
	²회	장		항			
	비			⁴기	타	토	⁴의
							견
⁵재	투	표		⁶주		⁷거	
청				제		수	

교우관계 1

¹절	¹친		²왕	²따		³화	해
	구			돌		풀	
		⁴억		리		이	
	⁴어	울	리	다			
		하					
⁵깨	지	다		⁶교	⁶우	관	계
			⁵난		정		
	⁷학	교	폭	력			

교우관계 2

		²신			³친	절
	¹헛	²고	자	질		교
	소	하				
¹소	문	내	다		⁶활	⁶동
						아
⁴선	착	순			⁷놀	리	다
발				⁵피		
			⁵가	해		

십자말
정답

2 수수께끼

선생님의 말을 잘 듣고 정답을 떠올려보세요.
(위에 있는 문장부터 한 문장씩 아동에게 들려주세요.)

학교
___

1 학교에 가려면 통과해야 돼요.

이곳을 지나면 운동장이 있어요.

학교에 들어가는 문이에요.

교문

2 보통 교문 옆에 있어요.

학교를 지켜주는 아저씨가 계시는 곳이에요.

경비아저씨가 계시는 곳이에요.

경비실

3 선생님들이 계시는 곳이에요.

선생님들은 여기서 수업을 준비하세요.

선생님을 만나러 갈 때는 여기에 가면 뵐 수 있어요.

교무실

4 학교에서 가장 넓은 곳이에요.

축구나 달리기 등 여러 가지 운동을 할 수 있어요.

체육 시간에 이 곳에서 운동해요.

운동장

5 운동장에 있는 장소에요.

조회를 할 때 교장선생님이 여기에 올라가세요.

여기에 올라가면 운동장이 다 보여요.

조례대/조회대

6. 학교에서 가장 많은 시간을 보내는 곳이에요.

   여기에서 수업을 듣고 공부를 해요.

   우리 반 친구들을 모두 만날 수 있는 곳이에요.

   교실

7. 교실과 다른 교실, 화장실 등의 다른 방을 이어주는 통로예요.

   화장실에 가려면 여기를 통과해야 해요.

   여기서 뛰어다니면 친구들이랑 부딪힐 수 있으니 질서를 지켜야 해요.

   복도

8. 여기에는 책이 많아요.

   책을 읽어도 되고 빌려갈 수도 있어요.

   여기서 책을 읽을 때는 조용히 해야해요.

   도서관

9. 여기서 공부에 필요한 영상을 보기도 해요.

   컴퓨터가 정말 많은 곳이에요.

   컴퓨터를 배울 때 여기로 가요.

   컴퓨터실

10. 침대가 있어요.

    간단한 약이 있어서 배가 아프거나 열이 많이 날 때 가요.

    다쳤을 때 가면 선생님이 약을 발라주세요.

    양호실

수수께끼

사람

1 선생님들 중 한 분이세요.
자주 만날 수는 없어요.
학교에서 제일 높은 선생님이세요.

교장선생님

2 이 사람은 학생이에요.
나보다 나이가 많아요.
나보다 먼저 학교에 입학한 형/누나(오빠/언니)에요.

선배

3 이 사람은 학생이에요.
나보다 나이가 적어요.
나보다 늦게 학교에 입학한 동생들이에요.

후배

4 이 사람은 학교에 계신 어른이에요.
하지만 선생님은 아니에요.
학교를 안전하게 지켜주시는 분이에요.

경비 아저씨

5 이 사람은 선생님이에요.
선생님 중에서 무서운 선생님을 말해요.
동물 이름이 들어간 별명이에요.

호랑이 선생님

6 이 사람은 친구 중에 있어요.

보통 친구들보다는 특별해요.

친구 중에서 제일 가깝고 친한 친구를 말해요.

단짝/절친/베프

7 이 사람은 친구가 별로 없어요.

교실에 외롭게 있을 때가 많아요.

친구들에게 따돌림을 받는 아이를 말해요.

왕따

8 잠깐동안 반을 위해서 일해요.

매주 돌아가면서 맡는 거예요.

보통 청소를 하거나 칠판을 지우거나 집에 갈 때 문단속을 해요.

주번

9 조별 수업 시간에 맡는 거예요.

조마다 한 명씩은 있어요.

조원들을 대표하는 사람을 말해요.

조장

10 형/누나(오빠/언니)들이 주로 맡는 거예요.

선생님은 아니지만 무서워요.

교문 앞에서 아이들이 규칙을 잘 지키는지 옷차림이 단정한지 지켜보는 일을 해요.

선도

수수께끼

교실

1. 반마다 한 개씩 있어요.
   교실 앞에 있어요.
   선생님이 수업시간에 책이나 출석부를 올려놓는 상이에요.

   교탁

2. 사람이 많거나 넓은 곳에서 말할 때 필요해요.
   동그란 머리에 원통 막대기가 달려있어요.
   내 목소리를 더 크게 해줘요.

   마이크

3. 보통 자물쇠로 잠가둬요.
   교실 뒤쪽에 있는 서랍과 같은 것이에요.
   내 물건을 보관해둘 수 있는 장이에요.

   사물함

4. 초록색이에요.
   초록색 넓은 판이에요.
   교실 앞에 붙어있는 판으로 분필로 글씨를 써요.

   칠판

5. 작은 스티커나 종이인데 내 물건에 붙여요.
   신발장 내 자리에도 이것이 붙어 있어요.
   내 이름을 쓴 종이나 스티커로, 내 자리와 물건에 붙이는 거예요.

   이름표

6 이걸 틀면 건조해요.

겨울에 틀어요.

따뜻한 바람이 나오는 기계예요.

온풍기

7 반 아이들이 모두 가지고 있어요.

과목마다 책이 모두 달라요.

학교 수업시간에 이 책으로 공부해요.

교과서

8 이걸 받으면 기분이 좋아요.

착한 일을 많이 하면 이것을 많이 받아요.

칭찬 받을 때 받는 스티커로, 많이 모으면 상품을 받을 수 있어요.

칭찬 스티커

9 내일 꼭 필요한 물건이에요.

알림장에 써두면 잊지 않고 챙겨올 수 있어요.

수업 시간에 필요한 물건이에요. 미술시간의 OOO은 색종이와 가위예요.

준비물

10 공책인데 매일 가지고 다녀야해요.

이것을 잘 쓰면 실수를 줄일 수 있어요.

숙제나 준비물을 까먹지 않게 써두는 공책이에요.

알림장

수수께끼

수업

1 이것은 사람을 기분 좋게 하는 거예요.

말로 받을 수도 있고 스티커로 받을 수도 있어요.

잘한 일이 있을 때 선생님이 해주시는 거예요.

칭찬

2 시험 본 다음에 하는 일이에요.

답이 맞았는지 틀렸는지 맞춰 보는 것을 말해요.

선생님께서 점수를 매기는 것이에요.

채점

3 문방구에 많이 있어요.

자르는 것도 있고, 쓰는 것도 있고, 그리는 것도 있어요.

공부할 때 필요한 연필, 자, 가위, 필통 같은 것들을 이것이라고 해요.

학용품

4 이 시간에는 자리에서 일어나도 혼나지 않아요.

화장실에 가도 되고 다른 반에 다녀와도 돼요.

수업 시간이 끝나는 종이 울리면 이 시간이 돼요.

쉬는 시간

5 이것을 하면 선생님께 꾸중을 들어요.

이것을 하면 뛰어야 해요.

늦잠 자거나 늦장을 부리다가 수업시간에 늦는 것을 말해요.

지각

6 이것은 옳지 못한 행동이에요.

시험 볼 때 하면 안 되는 행동이에요.

다른 친구의 답안지를 보고 베끼는 것을 말해요.

컨닝(커닝)

7 이것을 잘하면 선생님께 칭찬을 받아요.

이것을 하려면 다른 반에 다녀와야 할 때도 있어요.

선생님께서 나에게 시키는 일을 이것이라고 말해요.

심부름

8 회장(반장)이 이 말을 하면 모두 똑같이 행동해요.

아침에 수업을 시작할 때나 수업을 마치고 집에 돌아갈 때 하는 거예요.

선생님께 인사하는 것을 말해요. "차렷! ○○."

경례

9 이것을 하려면 손을 들어야 해요.

선생님이 시키셔야 할 수 있는 거예요.

친구들 앞에서 내 생각이나 의견을 말하는 거예요.

발표

10 이것을 하지 않으면 공부하기가 힘들어요.

다른 생각을 하거나 다른 행동을 하면 이것이 잘 안 돼요.

한 가지 일에 생각과 힘을 모으는 것을 말해요.

집중

수수께끼

입학/졸업/학년

1 교장선생님께서 축하의 말씀을 해주세요.

신입생들이 강당이나 운동장에 모여서 하는 거예요.

유치원이나 학교에 들어가는 것을 축하하는 행사예요.

입학식

2 학교에서 제일 선배들이 주인공이에요.

이것을 하고 나면 학교를 떠나요.

학교 공부가 모두 끝난 것을 축하하는 행사예요.

졸업식

3 학교에서 제일 막내예요.

아직 학교에 대해서 잘 몰라요.

이제 학교를 다니기 시작한 학생들이에요.

신입생

4 이 노래를 들으면 눈물이 나요.

졸업식 때 들을 수 있어요.

전학 가는 친구에게 불러줘요.

송별의 노래

5 이 사람들에게는 자녀가 있어요.

자녀가 학교에 다녀요.

선생님이 우리 엄마 아빠를 이렇게 불러요.

학부모

6 이것을 하기 전에 방학 숙제를 다 해야 해요.

이것을 하고 나면 학교에 매일매일 가야 해요.

방학이 끝나면 이것을 해요.

개학

7 친한 친구들과 헤어지고 새 친구들을 만나요.

먼 곳으로 이사하면 이것을 해야 돼요.

새로운 학교로 옮기는 것이에요.

전학

8 학생들은 1년마다 이것을 해요.

이것을 하면 선배가 돼요.

학년이 올라가는 것이에요.

진급

9 자리를 정할 때 이것을 해요.

새 학기에 이것의 결과를 게시판에 붙여둬요.

선생님이 한 반에 있을 친구들을 정하는 것이에요.

배치

10 학교의 선배들이에요.

더 어려운 공부를 할 수 있어요.

초등학교에서는 4, 5, 6학년이에요.

고학년

수수께끼

특별한 날/야외활동

1 이 날에는 선생님께 꽃을 드려요.
이 날에는 보고 싶은 선생님을 찾아봬요.
5월 15일이에요.

스승의 날

2 어른에게 드리는 꽃이에요.
가슴에 달아드리는 꽃이에요.
스승의 날과 어버이날에 선물해요.

카네이션

3 재미있는 날이에요.
가벼운 장난으로 서로를 속여요.
4월 1일이에요.

만우절

4 학교에 가지 않아도 돼요.
공휴일은 아니에요.
교장선생님께서 쉬어도 되는 날이라고 허락해주셨어요.

재량휴교일(재량휴일)

5 너무 덥거나 너무 추운 날 이것을 해요.
방학은 아니에요.
수업을 일찍 마쳐요.

단축수업

6 야외수업이에요.

체험활동을 해요.

농장, 목장, 박물관 같은 곳에 다녀와요.

현장학습

7 소풍 때 해요.

이것을 잘 하는 친구는 인기가 좋아요.

내가 제일 잘하는 것을 뽐내는 거예요.

장기자랑

8 머리가 아프고 토할 것 같아요.

약을 붙이거나 껌을 씹기도 해요.

버스나 배를 타면 이것을 해요.

멀미

9 수학여행 때 사서 부모님이나 친구들에게 선물하기도 해요.

학교 이름을 새긴 볼펜을 나눠주기도 해요.

여행 갔던 곳을 기억하고 싶어서 사오는 거예요.

기념품

10 이것을 한 시간을 생활기록부에 적어줘요.

이것을 하고 나면 마음이 뿌듯해요.

남을 위해 일하는 거예요.

봉사활동

환경미화/신체검사

1 청소를 열심히 해요.

게시판을 멋있게 꾸며요

교실을 보기 좋게 만드는 거예요.

환경미화

2 우리 반 뒤쪽에 있어요.

여길 보면 우리반의 중요한 소식을 알 수 있어요.

여기에 시간표와 반 친구들 사진을 붙여요.

게시판

3 청소를 할 때 필요해요.

다 사용하고 나서는 정리함에 보관해요.

빗자루, 쓰레받기, 걸레 등이 있어요.

청소도구

4 바닥을 청소할 때 써요.

물이 있어야 돼요.

긴 막대기 끝에 걸레가 달려 있어요.

대걸레

5 청소할 때 써요.

빗자루로 바닥을 쓸 때 이것도 필요해요.

먼지나 쓰레기를 빗자루로 쓸어서 여기에 담은 다음 쓰레기통에 버려요.

쓰레받기

6 이것을 잴 때는 신발을 벗어야 해요.

어린이들은 계속 커지고, 어른이 되면 멈춰요.

골고루 먹고 운동을 많이 하면 이것이 크는데 도움이 될 수 있어요.

키

7 밥을 많이 먹으면 이것이 늘어나요.

다이어트를 하면 줄일 수 있어요.

이것이 너무 많이 나가면 비만이라고 불러요.

몸무게

8 눈 검사예요.

색깔 점을 보고 숫자를 맞춰요.

색깔을 구별할 수 있는지 알아보는 거예요.

색맹검사

9 안경을 맞추기 전에 이것을 해요.

안 쪽 눈을 가리고 숫자를 읽어요.

눈이 얼마나 잘 보이는지 알아보는 거예요.

시력검사

10 건강교육교실을 열어요.

이곳에서 예방접종을 맞아요.

의사선생님과 간호사 선생님이 있는데, 병원은 아니에요.

보건소

수수께끼

시험
___

1 긴장돼요.

필기로 칠 때도 있고 실기로 칠 때도 있어요.

배운 것을 잘 알고 있는지 알아보는 거예요.

시험

2 부모님께 보여드려야 해요.

내가 어떤 과목을 제일 잘 하는지 알 수 있어요.

시험 결과를 알려주는 거예요.

성적표

3 이것이 올라가면 기분이 좋아요.

친구들 중에서 내가 얼만큼 잘하는지 알려주는 숫자예요.

1등, 2등, 3등, 꼴등 이런 것들을 말해요.

등수

4 이것은 시험 시간에 하면 안 되는 일이에요.

시험 시간에 친구들이 이 행동을 하는지 선생님께서 지켜봐요.

다른 사람의 답안지를 몰래 보고 베끼는 거예요.

컨닝

5 시험공부를 하는 방법이에요.

미리미리 공부하지 않은 사람들이 이것을 해요.

시험 치기 직전에 급하게 몰아서 공부하는 것이에요.

벼락치기

6 이것을 많이 맞히면 점수가 올라가요.

이것은 오답의 반대말이에요.

이것은 어떤 문제에 대해 맞는 답을 말해요.

정답

7 집 주소와 부모님 전화번호는 이것을 해요.

영어단어와 수학공식을 오래 기억하고 싶을 때 해야 돼요.

배운 것을 잊지 않기 위해서 외우는 거예요.

암기

8 시험 볼 때 사용해요.

이것 위에 컴퓨터용 사인펜이나 컴퓨터용 연필로 적어요.

시험지에 쓴 답을 옮겨적는 카드에요.

OMR 카드

9 풍경을 보러 야외로 나가요.

정해진 시간 안에 그림을 그려야 해요.

그림 그리는 솜씨를 뽐내는 대회에요.

사생대회

10 전국의 학생들이 모여서 겨루는 대회도 있어요.

잘 하는 사람은 '장원'이라는 상을 받아요.

글 짓는 솜씨를 뽐내는 대회에요.

백일장

학급회의

1 주제를 정하고 함께 토론해요.
건의사항을 이야기해요.
반 친구들과 모두 함께 어떤 것을 정할 때 해요.

학급회의

2 선생님과 친구들을 도와주는 역할이에요.
나를 뽑아 달라고 연설을 해요.
반이나 학교를 대표하는 친구를 말해요.

회장

3 학급회의 때 필요한 사람이에요.
회의록을 가지고 있어요.
회의한 내용을 기록하고 정리해요.

서기

4 학급회의 때 이야기해요.
회장이 알려줘요.
오늘 같이 이야기하고 싶은 문제의 제목이에요.

주제

5 회의 때 손을 들고 이것을 말해요.
나와 친구들은 이것이 다를 수 있어요.
이것이 여러 가지일 때에는 투표로 하나를 정해요.

의견

6 학급회의 시간에 말하는 내용 중의 하나예요.

친구들이 불편한 것이나 마음에 들지 않는 것을 바꾸자고 하는 것이에요.

친구들이나 선생님께 바라고 희망하는 내용이에요.

건의사항

7 결정할 일이 있을 때 해요.

쪽지에 내 생각을 적은 다음, 아무도 못 보게 접어서 내요.

동점이 나오면 다시 해요.

투표

8 의견이 여러 가지일 때 이것을 따라요.

학급회의에서는 이것으로 결정할 때가 많아요.

더 많은 친구가 찬성하는 의견을 선택하는 것이에요.

다수결

9 회의할 때 의견을 선택하는 방법 중의 하나예요.

이만큼의 친구들이 찬성하면, 그 의견을 선택해요.

전체 숫자 중에서 절반이 넘는 수를 말해요.

과반수

10 투표할 때 이것이 나오면 재투표를 하지 않아도 돼요.

반대 의견이 없어요.

모든 사람의 생각이 같아요.

만장일치

수수께끼

교우관계

1 친구와 이것을 하고 나면 화가 나고 기분이 좋지 않아요.

이것을 하면 먼저 사과하는 것이 좋아요.

친구와 다투는 것을 말해요.

싸움

2 이것은 하기는 어렵지만 하면 마음이 편안해지는 거예요.

잘못한 사람이 이것을 구해요.

잘못에 대해서 꾸짖거나 벌을 주지 않고 봐주는 거예요.

용서

3 이것을 많이 하는 친구들은 얄미워요.

예를 들어, 친구가 수업 시간에 딴짓했다고 선생님께 말하는 거예요.

다른 친구들의 잘못을 선생님께 이르는 것을 말해요.

고자질

4 친한 친구들끼리는 이것이 있어요.

이것이 있으면 의리 있는 행동들을 하게 되지요.

친구들끼리 마음을 나누는 일, 친구 사이의 정을 말해요.

우정

5 친구 사이를 멀어지게 하는 일이에요.

다른 친구들이 친하게 지낼 때 시기하는 마음으로 이렇게 해요.

친구들에게 서로를 나쁘게 말해서 사이를 멀어지게 만드는 것이에요.

이간질

6 아무리 친구가 미워도 이 행동을 해서는 안 돼요.

이것을 당하는 친구는 외로워요.

마음에 안 드는 친구를 멀리하고 다른 친구들끼리만 어울리는 것을 말해요.

따돌림

7 이것은 학생들 사이에서 일어나는 나쁜 일이에요.

이것을 당하면 반드시 어른들게 말씀드려야 해요.

친구들 사이에 때리는 것, 돈을 빼앗는 것, 따돌리는 것, 강제적으로

심부름을 시키는 것, 욕이나 언어폭력을 하는 것 등이 이것에 해당해요.   학교폭력

8 부모님, 선생님께 꾸중을 많이 듣게 되지요.

게임을 많이 하는 친구한테 우리는 이거라고 말해요.

게임을 너무 많이 해서 공부나 일상생활에 방해가 되는 것을 말해요.

게임중독

9 누군가를 좋아하는 거예요.

친구랑 같이 하는 것이 아니라 나 혼자 하는 일이에요.

나는 그 친구를 좋아하는데 그 친구는 나를 안 좋아하는 것을 말해요.

짝사랑

10 친구와 싸울 때 이것을 하기로 하는 경우가 있어요.

이것을 하면 앞으로는 친구가 아니에요.

친구로 사귀어 오던 관계를 끊는 것을 말해요.

절교

03 빈칸 채우기

보기에서 알맞은 답을 찾아 빈칸을 채워보세요.

학교 1

보기
초등학교, 고등학교, 대학교, 교문, 후문
교무실, 주차장, 복도, 계단, 난간

1. 학교 앞에는 정문이 있고, 뒤에는 _____이 있어.

2. _____에서는 질서를 지켜서 우측통행 해야해.

3. 중학교를 졸업하면 _____에 가지요.

4. 학교 안으로 들어오려면 꼭 _____을 지나가야 해.

5. 자동차를 끌고 오신 부모님들은 _____에 차를 대주세요.

6. _____에 매달리면 정말 위험해. 잘못하면 아래로 떨어져.

7. _____에 가려면 공부를 열심히 해서 수능시험을 잘 쳐야 해!

8. 영호는 이번에 8살이 돼서 _____에 입학해요.

9. 영수야, 너 선생님이 _____로 오라고 하셨어. 어서 가봐.

10. 4층까지 가려면 _____이 너무 많아서 힘들어.

학교 2

> **보기**
> 옥상, 화단, 창고, 연못, 가꾸고, 감사하는
> 물주는, 양보할, 질서

1. _____은 위험하니까 아무도 올라가면 안돼! 출입금지야.

2. _____에 쓰레기를 버리면 꽃이 아파요.

3. 우리 학교 _____에는 잉어가 세 마리 살고 있어.

4. 스승의 날은 선생님께 _____ 날이에요.

5. 화분에 _____ 당번은 누가 하고 싶니?

6. 조례시간에 줄을 설 때는 _____를 지켜서 움직여야 해요.

7. 우리반에 의자가 세 개나 남으니까 _____에 보관해야겠다.

8. 우리 반 친구들은 화분에 꽃나무를 _____ 있어.

9. 준이가 먼저 발표하고 싶다는데, 먼저 발표하는 친구 중에서 _____ 친구 있을까?

빈칸 채우기

교실/사람 1

보기
뒷문, 문단속, 노크, 책장, 걸상(의자)
사물함, 칠판, 지우개털이, 짝꿍, 오락부장, 선도

1. 교무실에 들어갈 때는 _____하고 들어가야 해요.

2. _____에서 책을 꺼내 읽고, 다 읽은 다음에는 꼭 다시 꽂아놔.

3. 자기 책이랑 물건은 모두 교실 뒤에 있는 _____에 보관해.

4. 선생님이 _____에 쓴 글씨를 알림장에 베껴 적어요.

5. 지각했을 때는 앞문으로 들어오지 말고 _____으로 들어와야 해.

6. 칠판 지우개는 _____로 털어야 해요.

7. 제일 마지막에 집에 가는 친구는 꼭 _____하고 가야해!

8. 혹시 _____이 너무 높거나 낮아서 불편한 친구 손 들어봐.

9. 넌 우리반 _____이니까 이번 소풍 때 장기자랑을 준비해봐.

10. 내 _____은 자꾸 공부시간에 말걸어. 다른 친구 옆에 앉고 싶어.

11. 교복을 안 입고 오면 교문에 서있는 _____ 선배들에게 혼나.

교실/사람 2

> **보기** 교탁, 시간표, 에어컨, 난방, 환기, 담임선생님, 호랑이 선생님, 활동보조 선생님, 주번, 회장, 부회장, 분필, 화이트보드

1. 학생들이 투표해서 반을 대표하는 _____을 뽑아요.

2. _____를 보니까 오늘 수업은 국어, 수학, 영어, 음악이에요.

3. _____은 쓰레기통을 비우고, 칠판을 지우고, 주변을 청소해요.

4. 2학년 4반 _____은 예쁜 여자 선생님이에요.

5. 더우면 _____으로 냉방하고, 추울 때는 히터로 _____을 해요.

6. 체육 선생님은 무서워서 아이들이 _____라고 말해요.

7. 선생님 _____에는 출석부와 분필이 놓여 있어요.

8. 우리 반에 도움이 필요한 친구가 있어서 _____이 함께 계셔.

9. _____은 회장을 잘 도와서 반 친구들을 잘 챙겨야 해!

10. 교실 안이 탁하니까 창문을 열어서 _____ 좀 하자.

11. 칠판에는 하얀색 _____로 글씨를 쓰고, _____에는 검은색 마커(유성매직)로 글씨를 써요.

활동3
빈칸채우기

빈칸 채우기

수업 1

보기

벌점, 조례, 종례, 경례, 필기, 모둠, 토론
지각, 결석, 일기장

1. 등교 후 _____ 시간에 담임선생님께 모두 인사를 했어요.

2. 매일 _____을 열심히 썼더니 선생님께서 칭찬스티커를 주셨어.

3. 반장이 '차렷, _____!'라고 외치면 모두 인사를 해요.

4. 수업 시간에 떠들어서 선생님께서 _____을 주셨어요.

5. 국어 시간에 네 명씩 _____을 만들어서 공부를 했어요.

6. 어제 TV 보느라 늦잠을 자서 오늘 학교에 _____하고 말았어.

7. 나 오늘 팔이 아파서 _____를 못했어. 공책 좀 보여줄래?

8. 수빈이가 감기 몸살로 사흘 동안 _____해서 걱정이에요.

9. 오늘 _____ 시간에 알림장을 쓰고 선생님께 인사를 드렸어요.

10. 지금부터 '게임을 하루에 얼마나 해야 하는가?'라는 주제에 대해서 _____을 시작하겠습니다.

수업 2

> **보기** 칭찬, 꾸중, 발표, 자습, 교과서, 학용품, 필기도구
> 출석부, 가정통신문, 알림장

1. 선생님께서 _____를 보시고 친구들 이름을 한 명씩 부르셨어요.

2. 수업 시간에 짝꿍과 떠들어서 선생님께 _____을 들었어요.

3. 수학 시간에 선생님께서 편찮으셔서 우리끼리 조용히 _____을 했어.

4. _____을 잘 써야 준비물을 잘 챙길 수 있어요.

5. _____를 깜빡하고 안 가져와서 짝꿍과 같이 봤어요.

6. 선생님께서 현장학습 날에 수첩과 _____를 가져오라고 하셨어요.

7. 문방구에는 온갖 _____이 다 있어요.

8. 심부름을 잘 했다고 선생님께서 _____해 주셨어요.

9. 부모님께 선생님께서 나누어주신 _____을 가져다 드려요.

10. 수지는 _____를 하려고 손을 들었지만 선생님께서 시켜주시지 않아서 속상했어요.

빈칸 채우기

수업 3

> **보기**
> 칭찬스티커, 규칙, 주제, 방해, 검사, 혼났어요, 배워요, 물려받았어요

1. 중학교에 들어갈 때 언니 교복을 _____.

2. 수업 시간에 친구에게 쪽지를 보내면 공부하는 데 _____가 돼요.

3. 친구와 싸워서 선생님께 _____.

4. 오늘 영어 시간에는 알파벳 노래를 _____.

5. 숙제를 안 해왔더니 숙제 _____ 시간에 가슴이 콩닥콩닥 했어요.

6. 이번 주 조별 과제의 _____는 '친구들과 우리 동네 시장에 방문하기' 입니다.

7. 학교에서는 _____을 잘 지켜야 해요. 수업 시간에 돌아다니지 않는 것도 이것 중의 하나예요.

8. 오늘 발표를 잘해서 _____를 받았어요. 우리반에서 내가 이것을 제일 많이 모았어요.

입학/졸업/학년

> **보기** 입학, 신입생, 수석, 송별회, 학부모, 재학, 복학, 퇴학, 배치, 자랑스럽다

1. 예서는 8살이 돼서 초등학교에 _____ 을 했어요.

2. 학교의 교칙을 심하게 어기면 _____ 을 당할 수도 있어요.

3. 이번에 _____ 으로 졸업하는 사람은 책벌레라고 소문난 빈이 형이야.

4. _____ 들께서는 참관수업 후 선생님과 이야기하는 시간을 갖겠습니다.

5. 입학식이 끝나면 _____ 들은 1반부터 차례로 교실에 들어갈 거예요.

6. 학교에 _____ 중인 학생은 모두 다 학생증을 받을 수 있어요.

7. 신입생 학급 _____ 결과가 게시판에 공지되어 있습니다.

8. 전학 가는 윤수를 위해 내일 점심시간에 _____ 를 할 거야.

9. 마라톤에서 1등을 했다고? 엄청 힘들었을텐데 내 친구가 이걸 해내다니 정말 _____!

10. 유민이 형은 몸이 아파서 1년 동안 휴학했다가 이번에 _____ 했어.

특별한 날 1

> **보기**
> 스승의 날, 학급회비, 만우절, 어린이날
> 하계, 개학, 반 배정, 책거리

1. 속았지? 사실은 거짓말이었어. 오늘 _____이잖아.

2. 다가오는 _____에 선생님께 편지를 써 드리자.

3. _____ 선물로 블럭을 받고 싶어요.

4. 올 여름방학 때는 2박 3일 동안 _____ 수련회를 다녀올 거야.

5. 드디어 다 배웠다! 책 한 권을 다 뗐으니까 _____를 해야겠다.

6. 난 방학도 좋지만 얼른 _____해서 친구들을 만나고 싶어.

7. _____ 결과 봤어? 난 못 봤는데 어떤 반이 됐는지 정말 궁금해.

8. 환경미화 시간에 게시판 꾸밀 재료들을 사야 하는데, _____를 천 원씩 걷는 것이 어떨까?

특별한 날 2

> **보기**
> 단축수업, 종업식, 1학기, 2학기, 학부모 참관수업, 일일교사

1. 다음 미술 시간에는 디자이너인 준우 어머니가 _____로 오신대.

2. 내일은 _____이 있는 날이에요. 부모님께 꼭 참석하시라고 말씀드리세요.

3. _____ 때는 친구들을 많이 못 사귀어서 아쉬웠어. _____ 때는 더 많은 친구들을 사귀었으면 좋겠어.

4. 오늘 _____을 했어요. 이제 방학이 시작돼서 놀 수 있는 건 기쁘지만, 친구들이 보고싶을 것 같아요.

5. 오늘은 폭염으로 인해 수업을 계속 하기가 어려워서 _____을 하기로 했습니다.

빈칸 채우기

야외활동 1

보기 현장학습, 수련회, 담력훈련, 수학여행, 장기자랑
관광버스, 멀미, 휴게소

1. _____ 마지막 날 밤에는 캠프파이어를 한대.

2. 나는 버스만 타면 _____를 해서 힘들어.

3. 나는 두려움을 극복하기 위해 _____에 참가했다.

4. _____에서 했던 극기훈련 때문에 몸살이 났어.

5. _____에 도착했어요. 화장실 가고 싶은 사람은 다녀오세요.

6. _____ 시간에 가장 인기가 있었던 건 현정이의 노래였어.

7. 다음 주에는 식물원으로 _____을 갈 거예요.

8. 이번 소풍 때는 _____를 타고 갈 거예요.

야외활동 2

> **보기** 기념품, 도시락, 숙소, 교관, 방과후,
> 봉사활동, 야외수업

1. 나경이는 주말마다 양로원에 _____을 하러 가요.

2. 우리 가족은 주말에 _____을 싸서 공원에 놀러갔었어.

3. 수련회 때 만난 _____ 선생님은 무서웠어.

4. 제주도에 수학여행 갔을 때 _____으로 돌하르방 인형을 사왔어.

5. 나는 _____ 시간에 클레이 반을 신청했어.

6. 오늘은 비가 와서 _____은 다음 주로 연기하겠습니다.

7. _____에 짐을 풀고 식당으로 모이세요.

환경미화

보기: 환경미화, 게시판 꾸미기, 청소도구함, 손걸레, 청소기, 빗자루, 줄 맞추기, 쓰레받기, 대걸레, 먼지떨이

1. _____ 시간에 모두 열심히 청소를 했다.

2. _____에서 빗자루와 쓰레받기를 꺼내오세요.

3. 교실 바닥에 지저분한 발자국은 _____로 닦으면 돼.

4. 다성아! 바닥 쓸게 _____ 좀 갖다 줄래?

5. 이제 가을이니까 낙엽을 이용해서 _____를 하면 어떨까?

6. 책상 _____는 바닥에 있는 금을 기준으로 하자.

7. 여기 화분 흙이 쏟아졌어. _____에 잘 쓸어 담아줘.

8. 창문 구석에 쌓인 먼지는 _____로 깨끗하게 털어주세요.

9. 내일 청소시간에는 다 같이 창문을 닦을 거예요. 집에서 _____를 하나씩 준비해오세요.

10. 여기는 먼지가 많으니까, 먼지가 날리지 않게 빗자루 말고 _____를 쓰자.

신체검사

> **보기**
> 키, 몸무게, 색맹검사, 청력검사, 시력검사, 보건소

1. 요즘 소리가 잘 안 들린다고 했더니 _____를 받아보래요.

2. 독감 예방주사를 맞으러 _____에 다녀왔어.

3. _____를 잴 때는 신발을 벗어주세요.

4. 안경을 맞추려고 _____를 했어요.

5. _____에서 숫자가 잘 안 보이면, 안과에 가서 더 자세한 검사를 한 번 받아봐.

6. 생활기록부의 신체 발달 표에는 키, _____, 가슴둘레, 앉은키 등이 기록되어 있습니다.

시험 1

> **보기** 시험지, 성적표, 등수, 일등, 꼴등, 실기, 기말고사
> 듣기평가, 벼락치기, 시험범위

1. 음악 _____ 시험 때 무슨 노래 부를 거야?

2. _____가 나오면 몇 등인지 알 수 있을 거야.

3. 유진이는 시험 전 날 _____를 하느라고 잠을 못 잤대.

4. 엄마가 이번 시험에서 약속한 _____ 안에 들면 선물을 사주신대.

5. 열심히 공부했는데 _____를 받자 기억이 잘 안 나서 속상했어.

6. 정진이는 이번 수학경시대회에서 또 _____을 했어.

7. 중간고사를 잘 못 쳐서 _____ 때는 더 열심히 노력할 거야!

8. 달리기 시합 때 넘어지는 바람에 _____을 하고 말았어.

9. 국어 _____가 어딘지 좀 가르쳐줄래?

10. 스피커 소리가 웅웅거려서 _____를 망쳤어요.

시험 2

> **보기** 암기, 정답, 오답, 컨닝, 걸리는, 답안지
> 컴퓨터용 사인펜, 수정스티커(수정액), 백일장, 사생대회, 수학능력시험

1. _____은 'O', _____은 'X'로 표시하세요.

2. 대학교에 들어가려면 _____을 쳐야 돼.

3. 친구의 답을 베껴 적다가 _____ 사람은 0점을 받게 될 거예요.

4. 게시판에 _____가 붙었대. 우리 답 확인하러 가자.

5. OMR 카드에는 꼭 _____으로 마킹을 하세요.

6. 공부를 많이 못 했어도 _____하지 않고 정직하게 시험을 쳐야 해.

7. 나는 _____에서 통일에 관한 시를 적어서 우수상을 받았어.

8. 영어 단어를 _____하는 것은 참 어려워.

9. 답안지를 수정할 때는 _____를 사용하면 됩니다.

10. 이번 _____의 주제는 '자연사랑'입니다. 참가자들은 2시간 안에 그림을 완성해주세요.

학급회의

보기 학급회의, 기타토의, 건의사항, 서기, 투표
집중, 과반수, 다수결, 만장일치, 거수

1. 오늘 _____ 시간에는 '우리 반 규칙'이라는 주제로 토론할 거예요.

2. _____는 회의 내용을 잘 기록해주세요.

3. 잠깐만! 지금은 회의하는 시간이니까 장난치지 말고 _____해 줘.

4. 모두 다 동의하는 거지? 그럼 이건 _____로 통과!

5. 이번에는 _____로 결정하겠습니다. 찬성하는 분 손을 들어주세요.

6. 20명 중에 15명이 찬성했어요. _____가 넘었으니 이걸로 결정하도록 하겠습니다.

7. 교실 뒤에 _____ 게시판을 만들어뒀어요. 우리 반에 바라는 점이 있으면 언제든지 게시판에 의견을 적어주세요.

8. 투표 결과 1번 7표, 2번 8표, 3번 5표가 나왔어요. 그럼 _____에 따라 2번으로 할게요.

9. '짝 바꾸는 시기'에 대해서 '일주일에 한 번'이라는 의견과 '한 달에 한 번'이라는 의견이 나왔어요. 언제가 좋을지 _____로 정하도록 해요.

10. 방금 민재가 낸 의견은 학급회의 주제랑은 안 맞는 것 같아. 그 의견은 나중에 _____시간에 다시 이야기 하는 게 어때?

교우관계 1

> **보기**
> 선배, 후배, 절친/단짝/베프, 우정, 용서, 화해
> 사과, 왕따, 학교폭력, 게임중독

1. 우리 중학교에 가도 _____ 변치 말자.

2. 학교에서 친구를 때리는 일은 _____이에요.

3. 1학년 _____들이 참 귀엽더라.

4. 수진이는 내 _____이야. 나랑 제일 친해.

5. 너희 둘 다 잘못했으니까 서로 _____ 하도록 해라.

6. 내년에 2학년이 되면 나도 _____가 돼요.

7. 아까 화가 나서 니 필통 던진 거 미안해. _____ 해줘.

8. 그렇게 게임을 많이 하다가는 _____이 될 거야.

9. 지난번에 다퉜던 준우하고 _____ 했니?

10. _____를 시키는 일은 친구의 마음을 아프게 하는 나쁜 일이에요.

교우관계 2

보기 소문, 처벌, 커플, 전학생, 분위기 메이커, 이른다
깨져서/헤어져서, 짝사랑, 따돌리지, 이간질

1. 학교폭력에 대해 강력한 _____이 있을 것입니다.

2. 여자 친구랑 _____ 마음이 아파요.

3. 쟤네 어제부터 사귄대. 쟤네 이제 _____이야.

4. 규빈이와 네가 사귄다는 _____이 떠돌고 있어.

5. 규진이가 나와 병민이 사이를 자꾸 _____해.

6. 어제 우리반에 전학 온 _____과 친해지고 싶어요.

7. 다음부터 친구를 _____ 마라. 사이좋게 지내야 해.

8. 우리반 _____ 지호가 있어야 재미가 있지.

9. 너 자꾸 괴롭히면 선생님께 _____.

10. _____하던 다은이에게 고백을 했어요.

교우관계 3

> **보기** 화풀이, 억울해, 협박(위협), 신고
> 절교, 어울려 다니지(어울리지)

1. 내가 화분을 깨뜨린 게 아닌데 아무도 믿어주지 않아서 _____.

2. 나는 선생님께 혼난 것이 너무 화가 나서 짝꿍한테 _____했어요.

3. 엄마가 나쁜 친구들과 _____ 말라고 하셨어요.

4. 학교폭력을 당했을 땐 반드시 _____해야 해요.

5. 형들이 돈을 주지 않으면 때리겠다고 _____했어요.

6. 이제부터 우리 _____야! 앞으로 같이 놀지 말자.

4 마인드맵
단어를 보고 생각나는 다른 단어를 빈칸에 써보세요.

학교 1

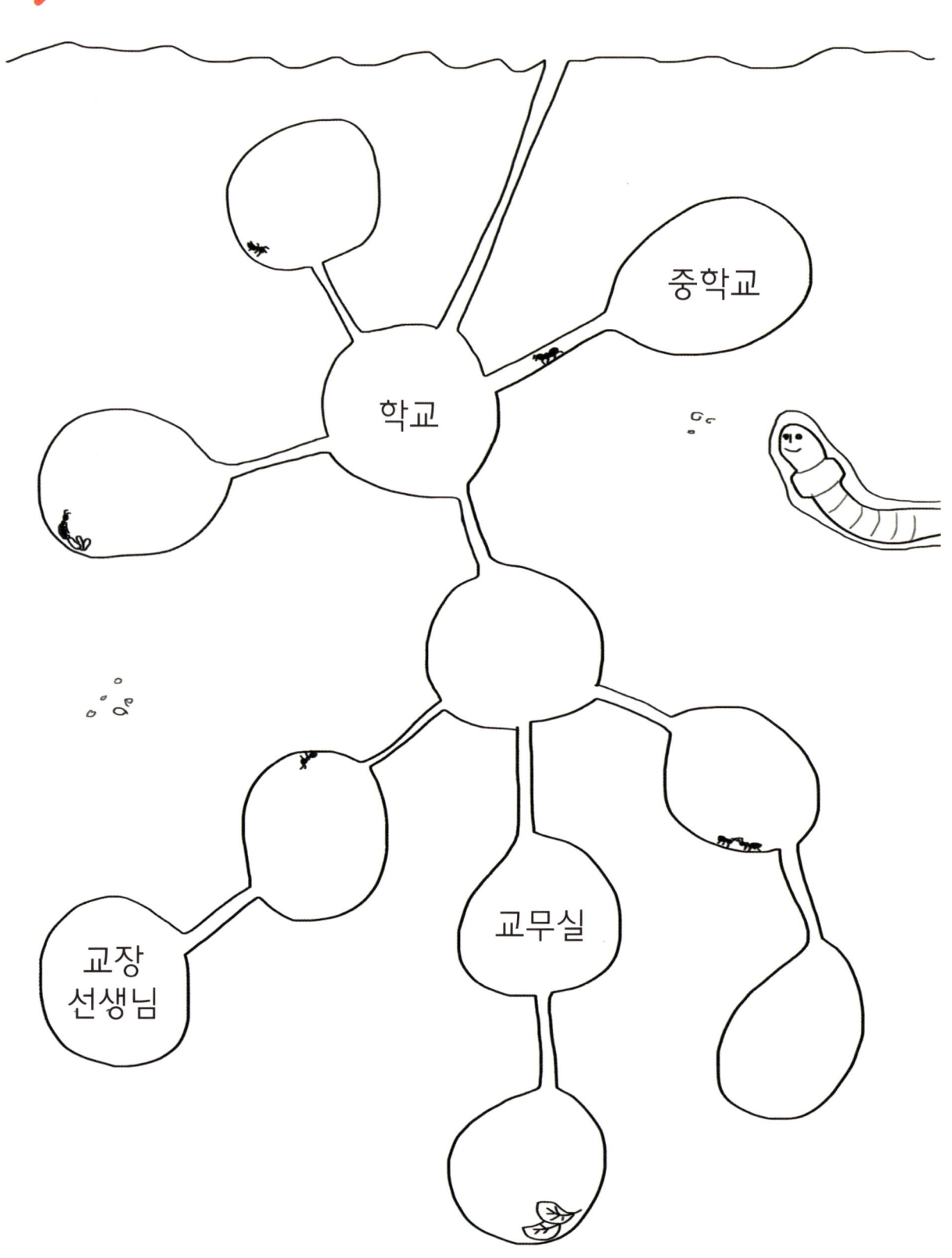

학교 2

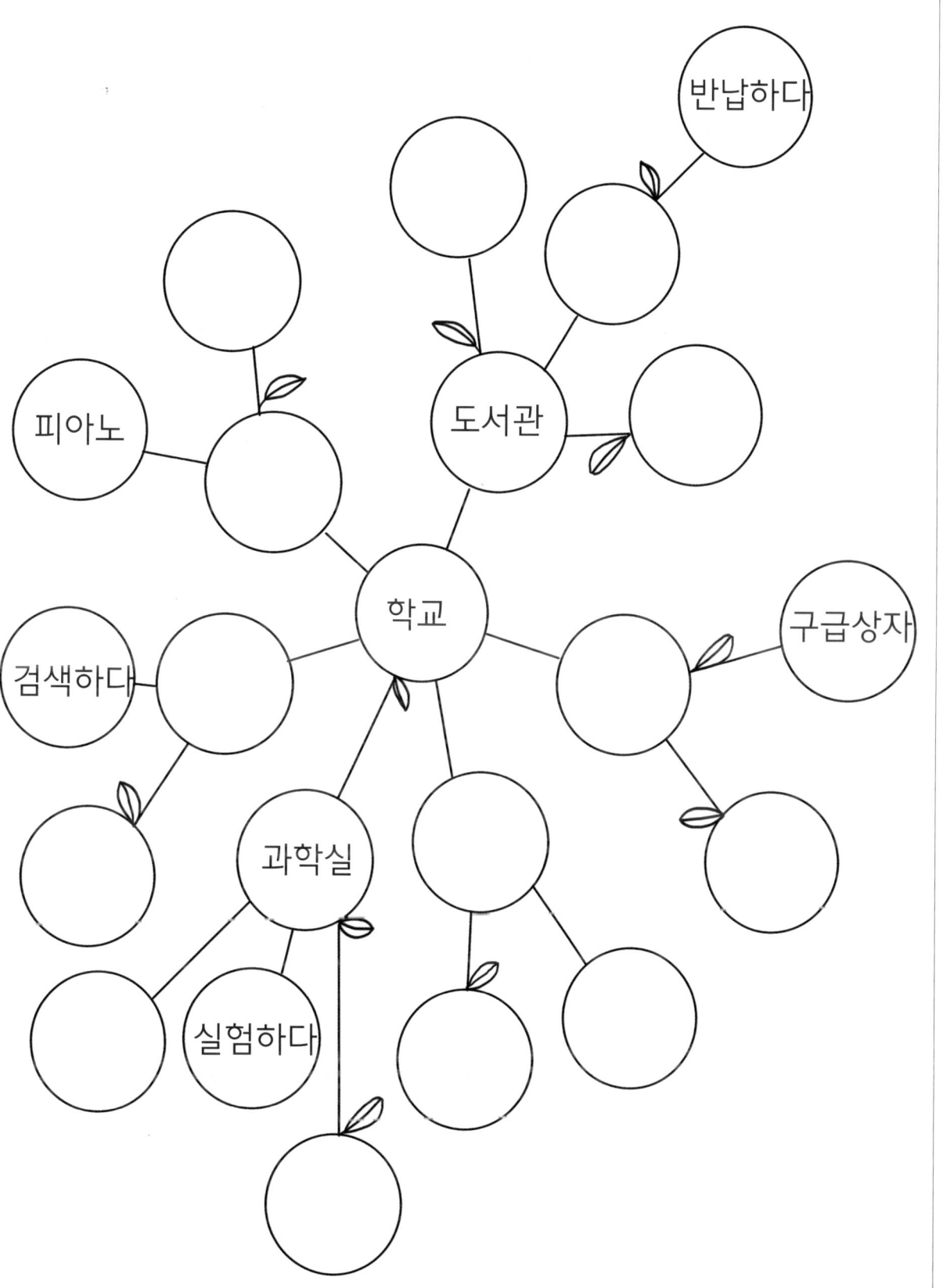

활동4
마인드맵

마인드맵

교실
———

- 교실
  - 의자
  - 칠판
    - 분필

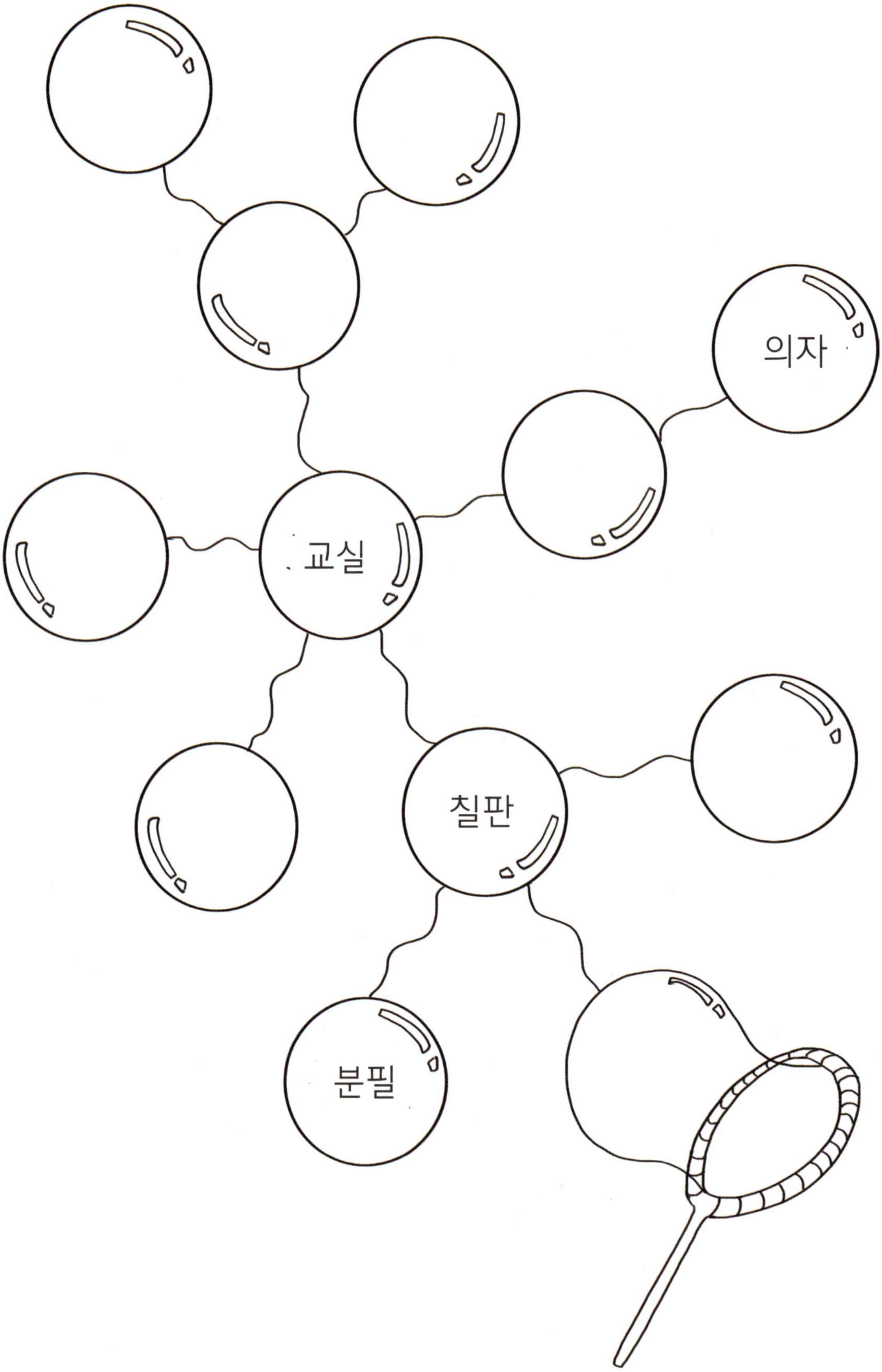

수업

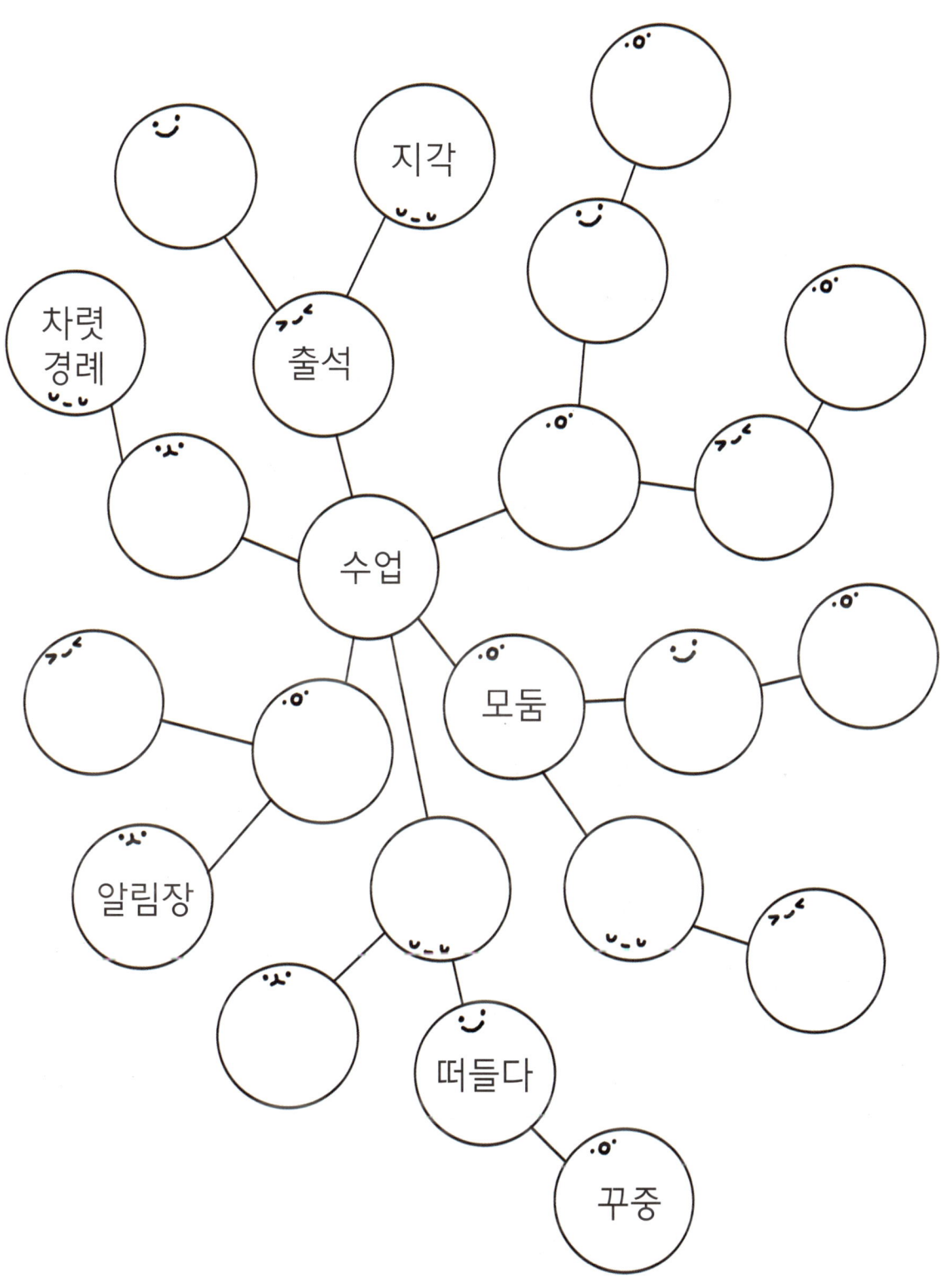

활동4
마인드맵

마인드맵

과목
_____

- 원어민 선생님
- 실습하다
- 방과후 수업
- 과목

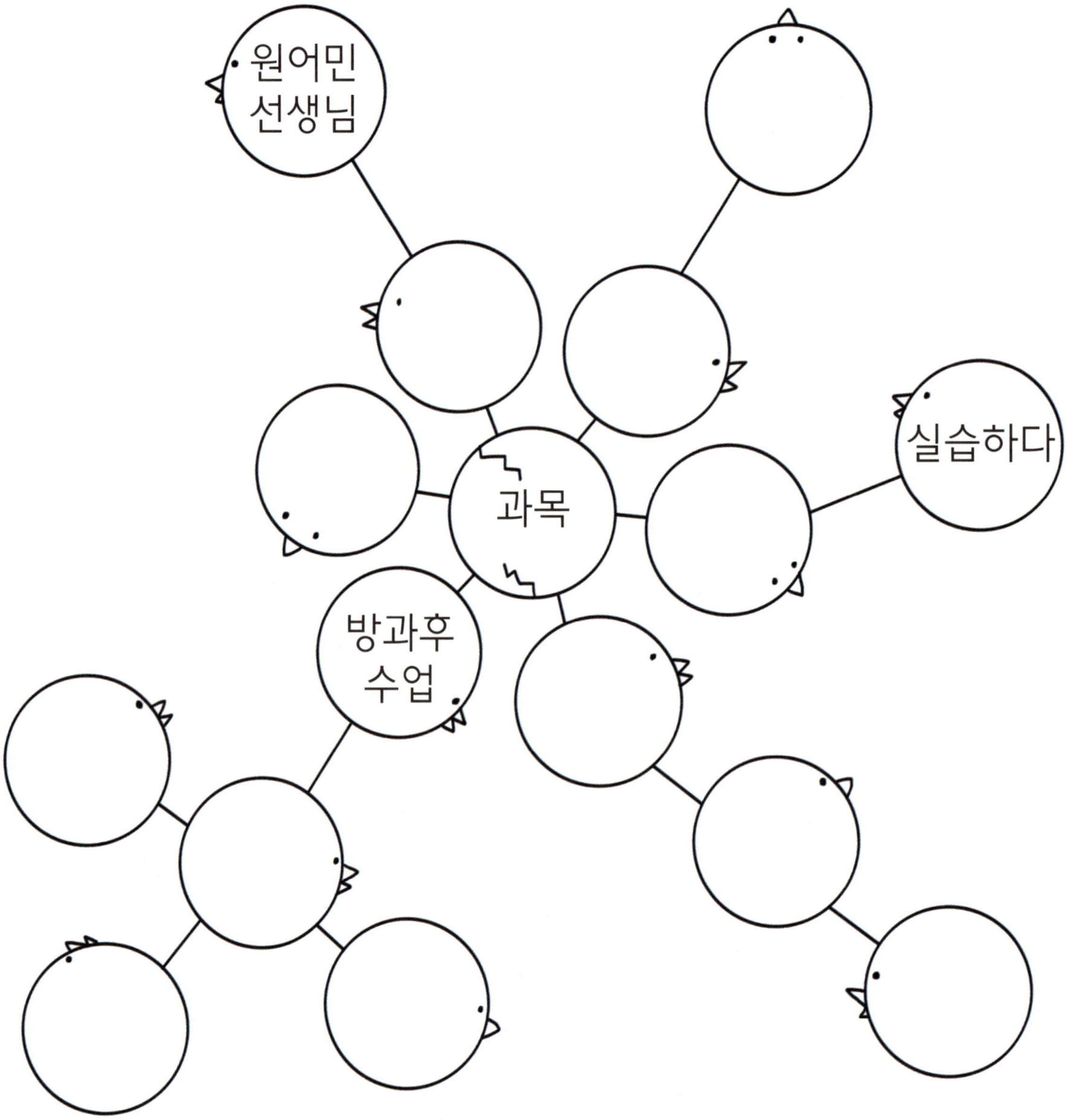

동아리

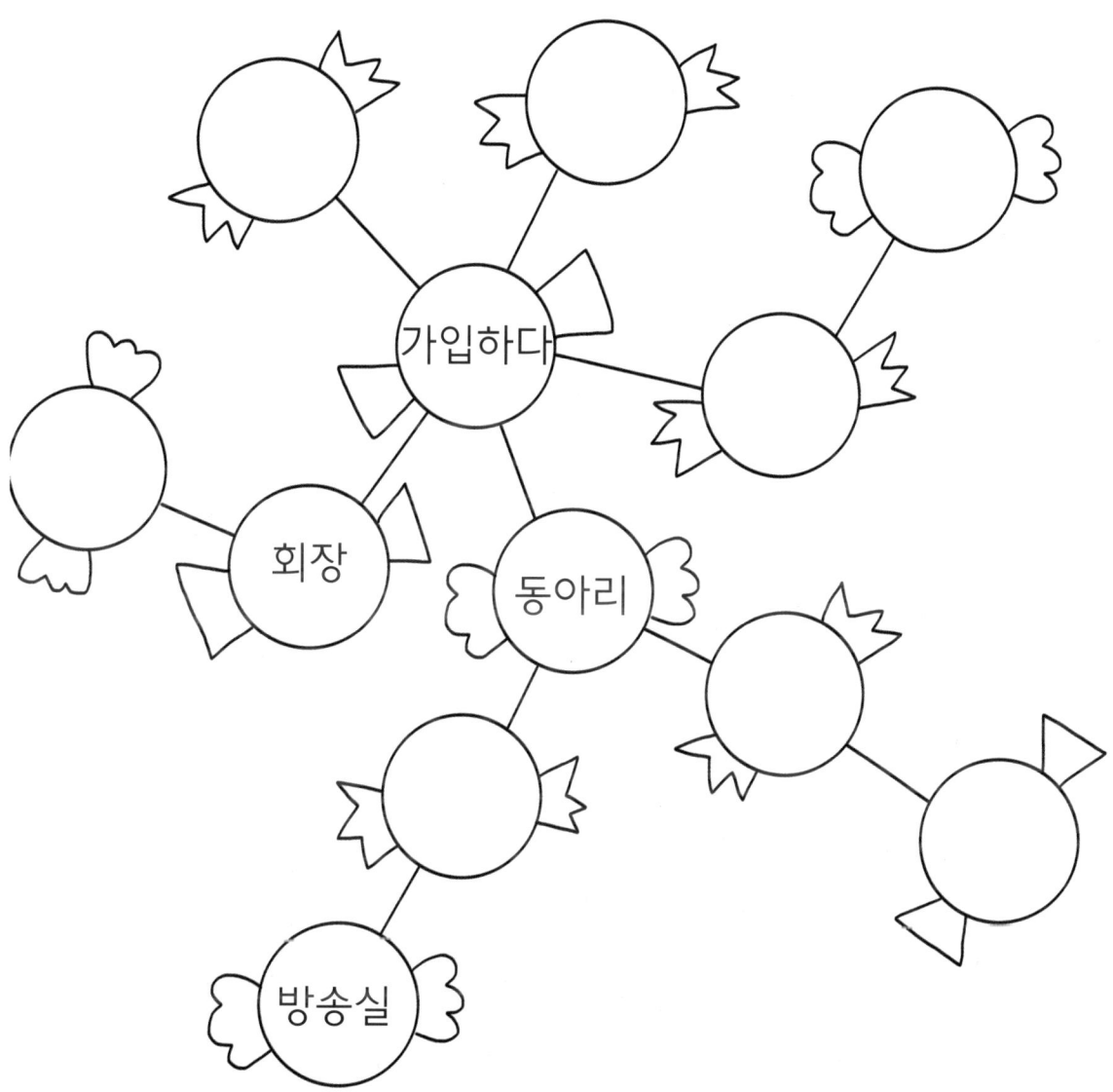

활동4
마인드맵

마인드맵

운동장

- 뛰놀다
- 지루하다
- 조회
- 운동장
- 체력장
  - 턱걸이
- 운동회
  - 겨루다

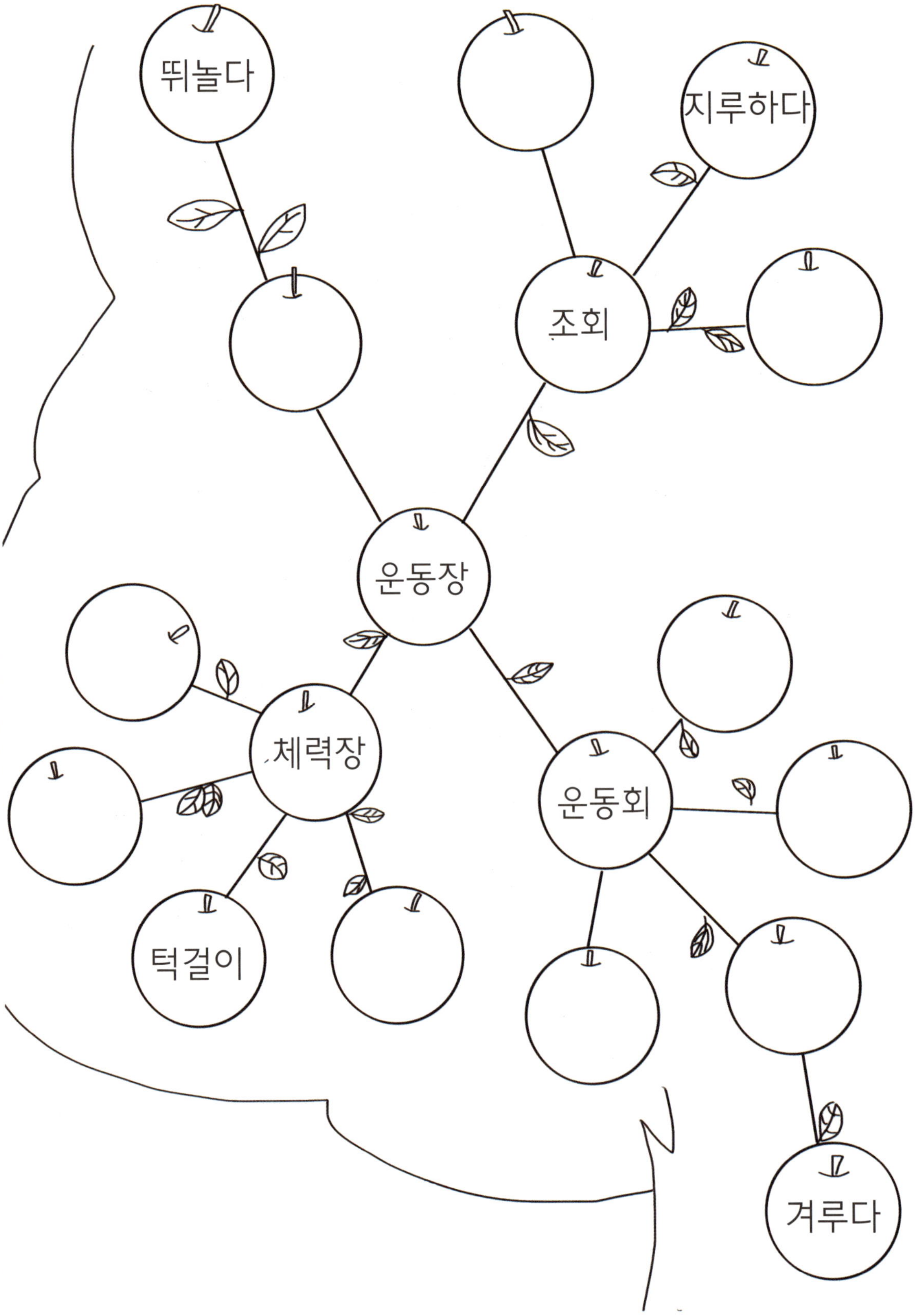

점심시간

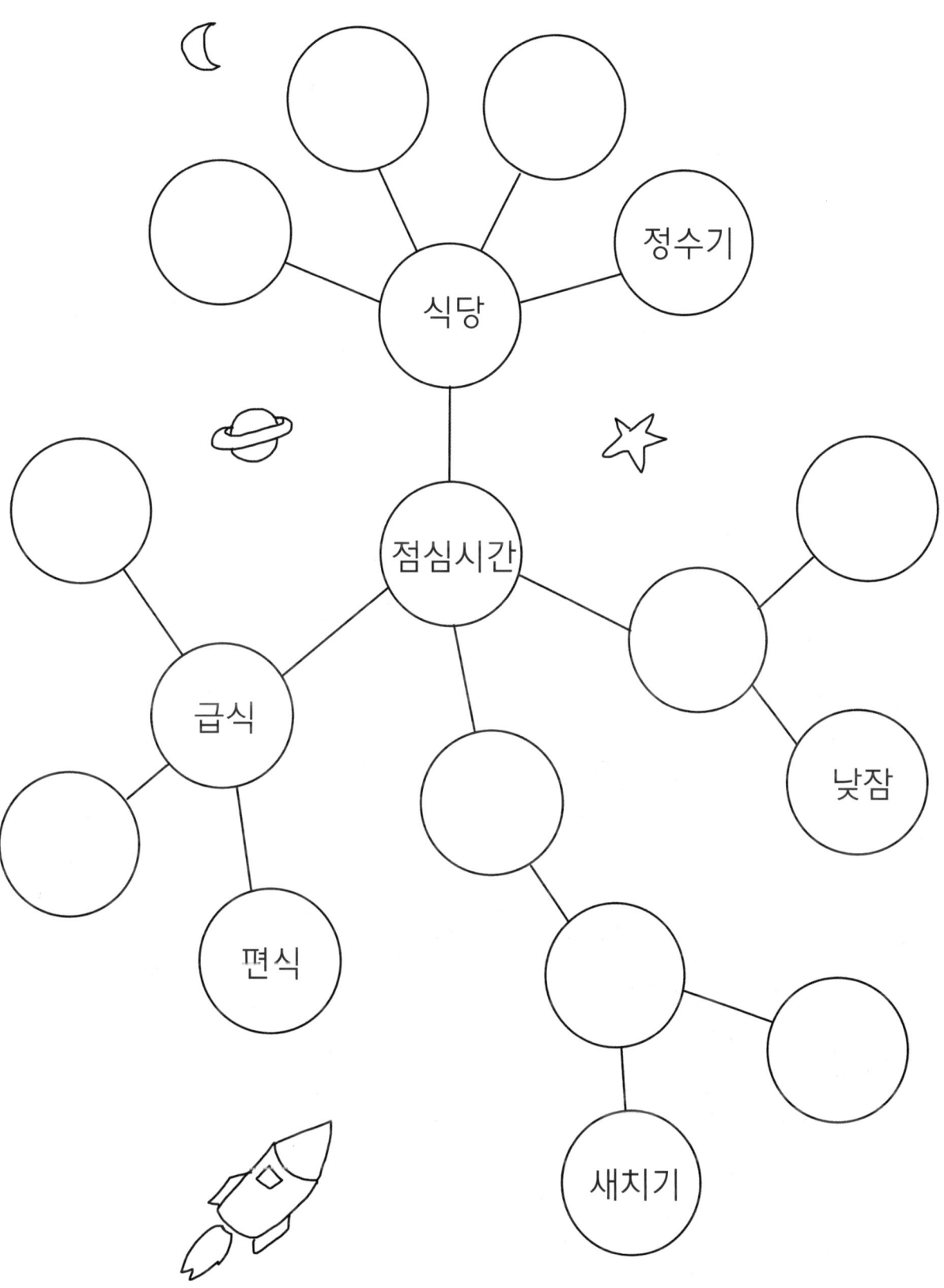

활동4
마인드맵

마인드맵

입학/졸업/학년

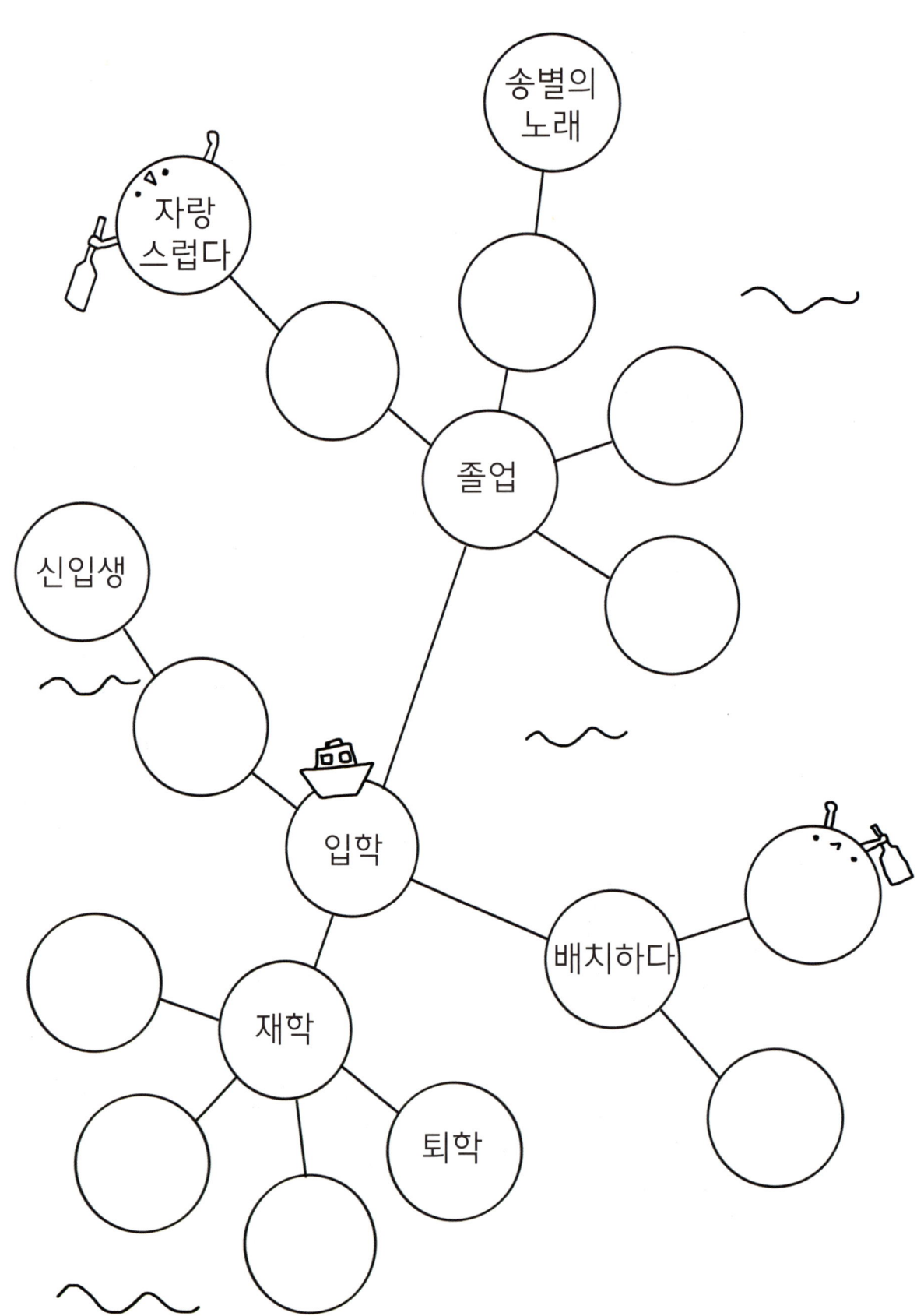

특별한 날

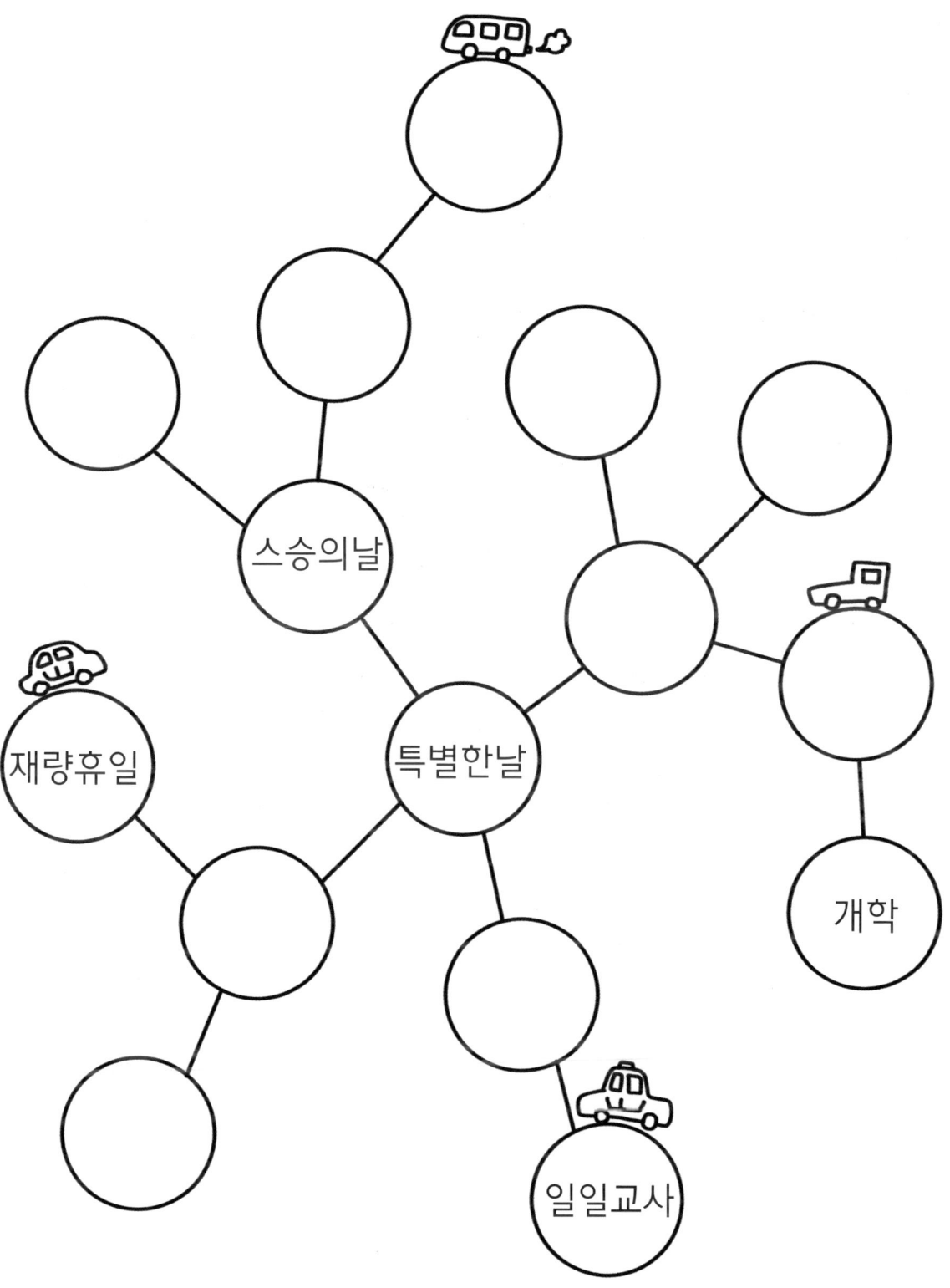

활동4
마인드맵

마인드맵

야외활동
———————

- 관광버스
- 소풍
- 야외활동
- 교관
- 멀미
- 기념품

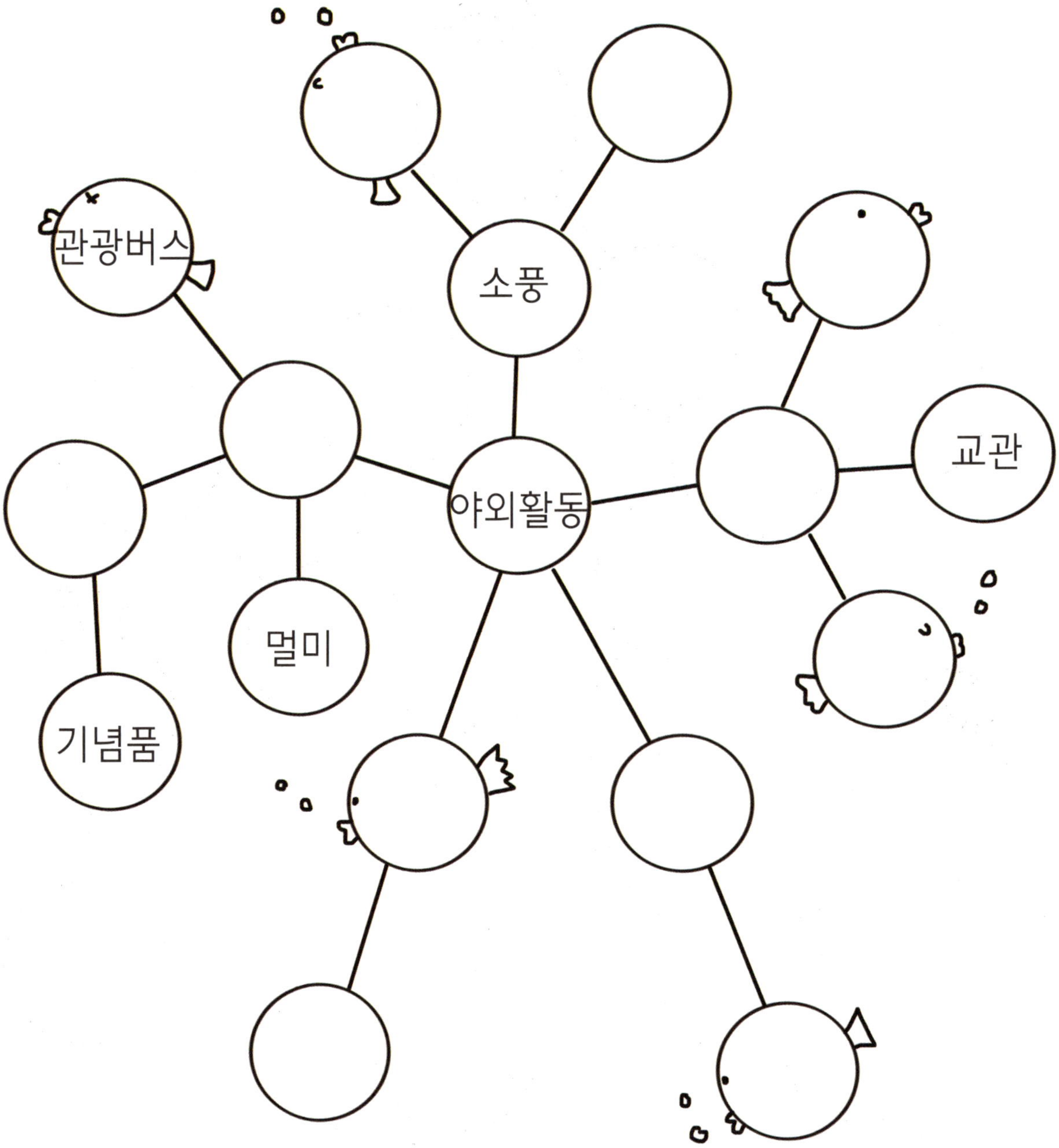

환경미화

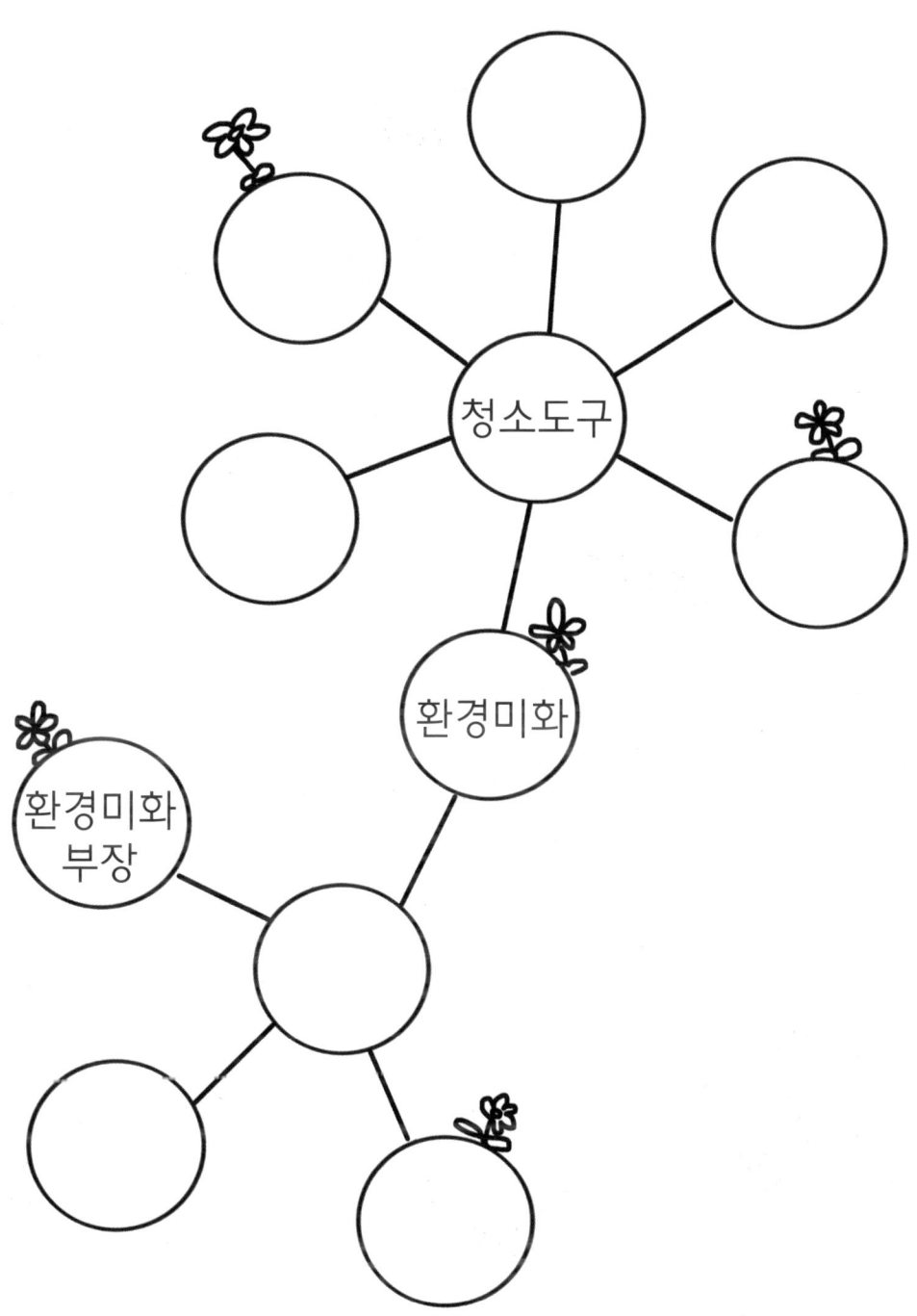

활동4
마인드맵

마인드맵

시험
———

- OMR 카드
- 마킹하다
- 일등
- 시험
- 성적표
- 경시대회
- 벼락치기

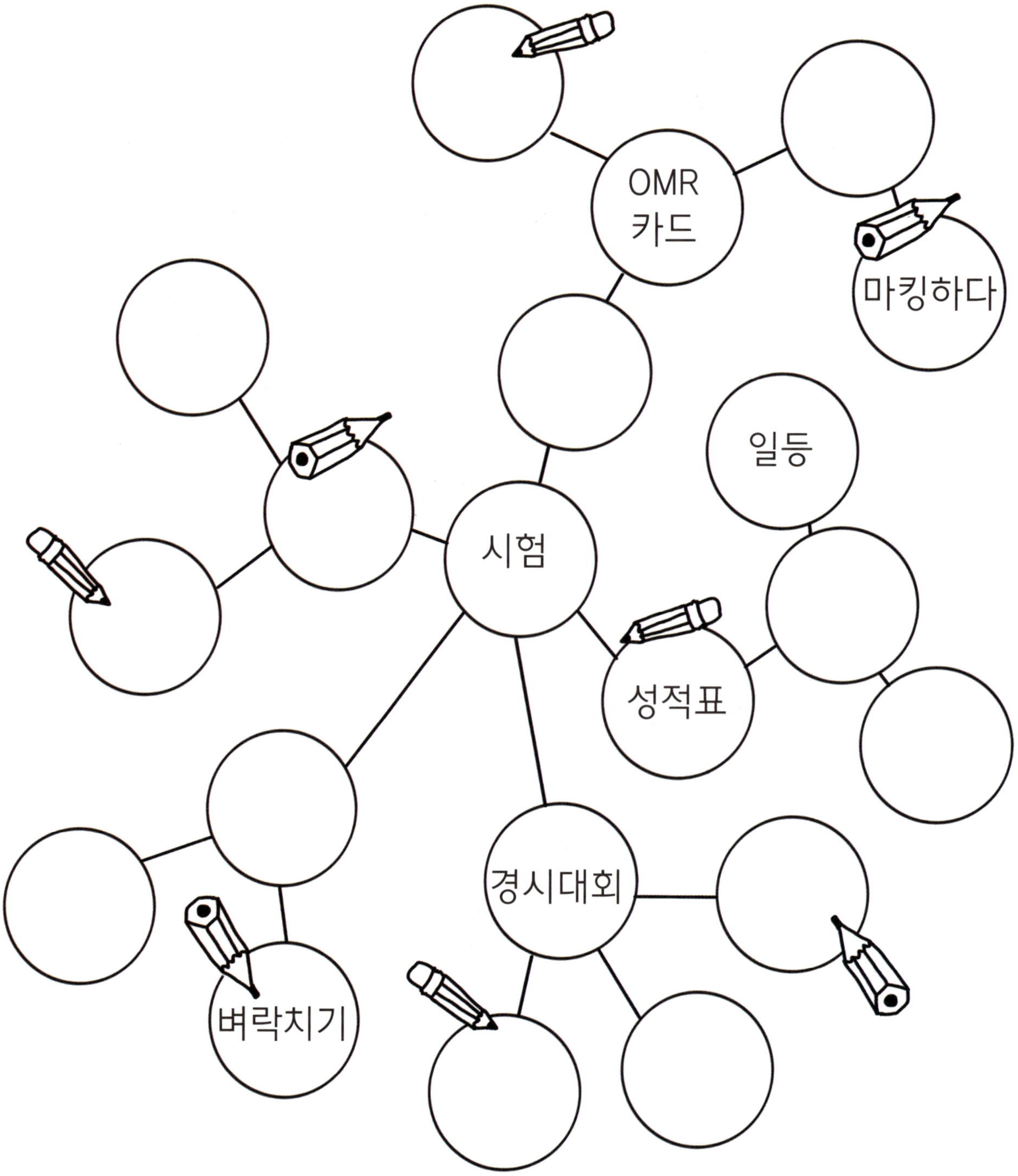

학급회의

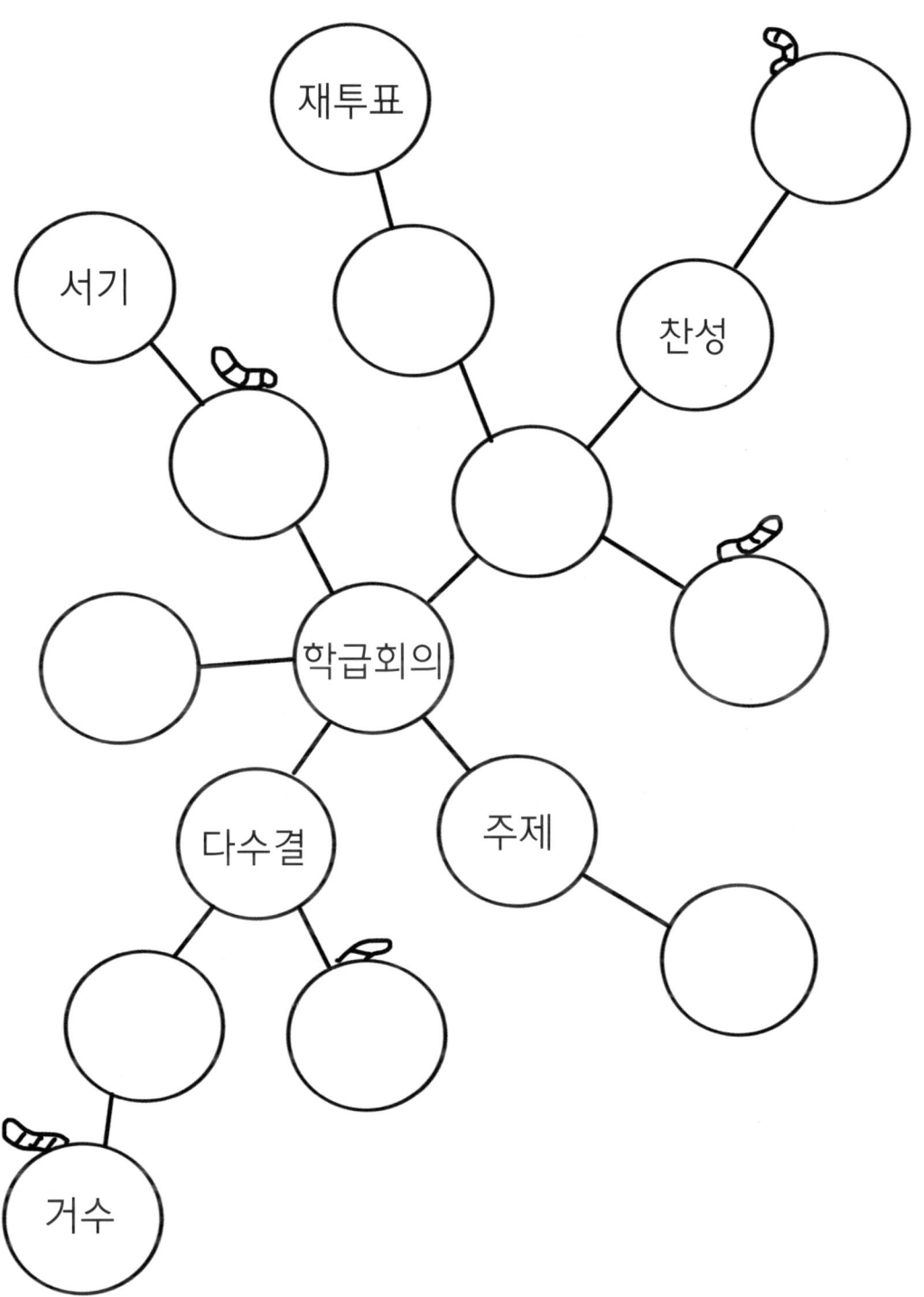

활동4
마인드맵

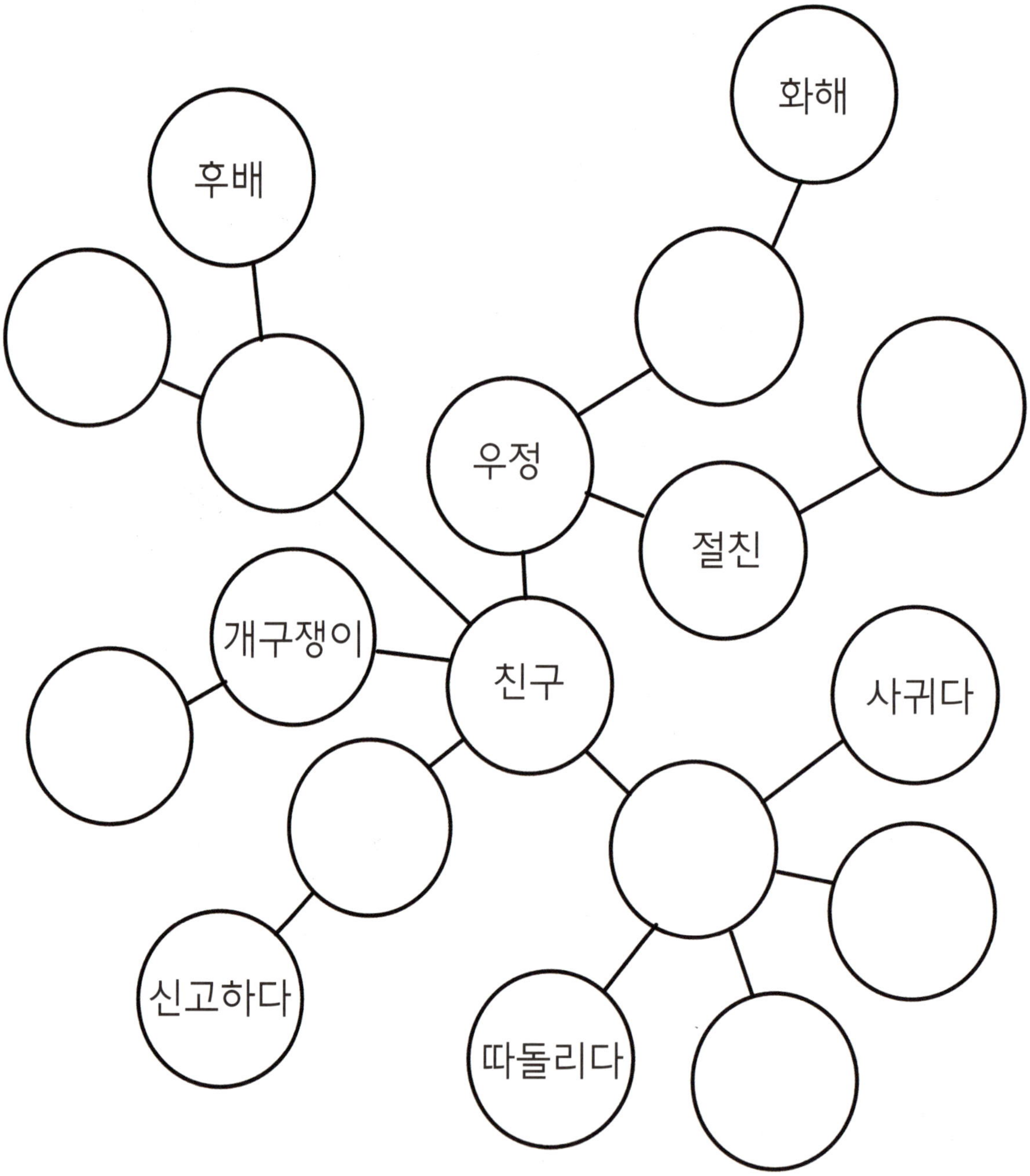

교우관계

- 화해
- 후배
- 우정
- 절친
- 개구쟁이
- 친구
- 사귀다
- 신고하다
- 따돌리다

어휘력을 길러주는 **우리아이 언어학습** 학교편

5 이야기

이야기를 듣고 그림을 보며 다시 말해보세요.

수연이는 어제 늦게 잠이 들었어요. 아침에 일어나보니 벌써 9시였어요. 지각을 한 수연이는 막 뛰어서 학교에 갔어요. 벌써 1교시가 시작해서 친구들은 수학 공부를 하고 있었어요. 수연이는 뒷문으로 몰래 들어가려고 했는데 문에서 드르륵 소리가 났어요. 선생님이 수연이를 보더니 다음부터 늦지 말라고 하셨어요. 수연이는 자리에 앉아서 교과서를 펴고 수업을 들었어요.

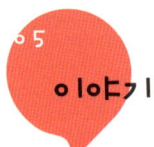
이야기

민수는 어제 숙제를 하느라 밤 늦게 잠들었어요. 그래서 오늘 아침에 늦잠을 자고 말았답니다. 민수는 가방을 챙겨서 헐레벌떡 학교로 갔어요. 1교시는 국어 시간인데, 민수가 가방을 열어보니 국어 교과서를 빠트리고 왔지 뭐예요. 다행히 짝꿍 수지가 교과서를 빌려줘서 같이 볼 수 있었어요. 2교시 체육 시간이 됐는데, 수지가 뜀틀을 어려워했어요. 민수가 수지를 도와줬고, 수지는 이제 뜀틀을 잘 할 수 있게 됐어요.

활동5
이야기

이야기

점심시간이 되었어요. 친구들은 서로 급식을 빨리 먹으려고 급식실로 달려갔어요. 그런데 준우가 계단에서 빨리 가려고 난간 위를 넘어가다 떨어지고 말았어요. 준우는 엉엉 울면서 양호실로 갔어요. 양호 선생님께서 무릎에 약을 발라 주시고 밴드를 붙여주셨어요. 그리고 다시는 위험한 행동을 하지 말라고 말씀하셨어요.

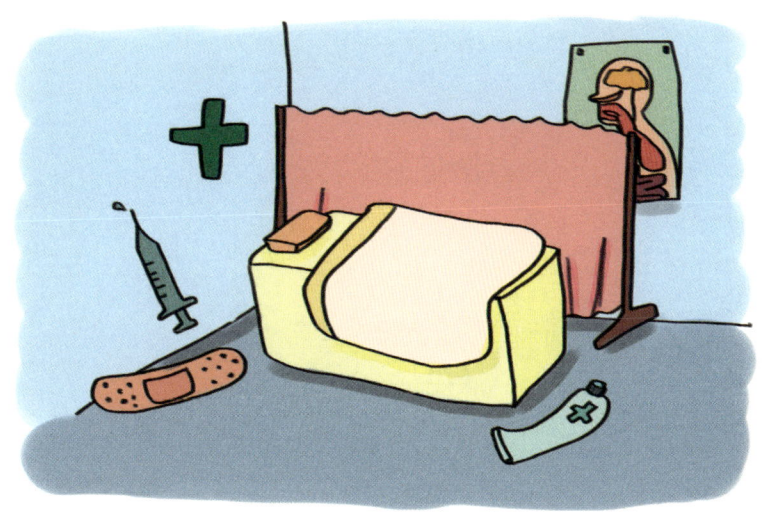

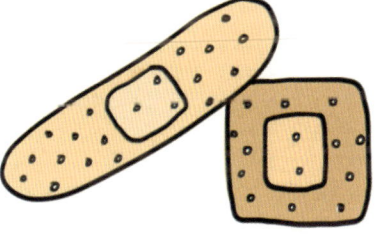